秦学圣

四川省文物考古研究院名家学术文集

秦学圣　著

巴蜀书社

图书在版编目（CIP）数据

四川省文物考古研究院名家学术文集. 秦学圣卷 /
秦学圣著. -- 成都 : 巴蜀书社, 2023.11
　ISBN 978-7-5531-1942-7

Ⅰ.①四… Ⅱ.①秦… Ⅲ.①文物—考古—中国—文
集 Ⅳ.①K870.4-53

中国国家版本馆CIP数据核字（2023）第065285号

SICHUANSHENG WENWU KAOGU YANJIUYUAN MINGJIA XUESHU WENJI·QINXUESHENG JUAN

四川省文物考古研究院名家学术文集·秦学圣卷

秦学圣　著

策　　划	周　颖　吴焕姣
责任编辑	李　媛
封面设计	冀帅吉
内文设计	四川胜翔数码印务设计有限公司
出　　版	巴蜀书社
	四川省成都市锦江区三色路238号新华之星A座36楼
	邮编：610023　总编室电话：（028）86361843
网　　址	www.bsbook.com
发　　行	巴蜀书社
	发行科电话：（028）86361852
经　　销	新华书店
印　　刷	成都东江印务有限公司
版　　次	2023年11月第1版
印　　次	2023年11月第1次印刷
成品尺寸	170mm×240mm
插　　页	8页
印　　张	14.5
字　　数	200千
书　　号	ISBN 978-7-5531-1942-7
定　　价	68.00元

总序

　　四川省文物考古研究院前身为四川省文物管理委员会（办公室），成立于1953年5月1日。在党和政府的领导、关怀下，我院从不足30人的团队起步，逐渐成长为一个拥有185人编制，兼具考古、文物修复、文化遗产保护、《四川文物》编辑出版四大职能的综合性考古机构。

　　七十年来，全院职工勠力同心，探索历史未知、揭示历史本源，各项事业蓬勃发展，取得了长足进步：共获得全国十大考古新发现11项、中国考古新发现4项、百年百大考古发现2项、新时代百项考古新发现5项、田野考古奖3项，为"建设具有中国特色、中国风格、中国气派的考古学"贡献了四川力量。

　　饮水思源，回顾我院发展的每一个阶段，无一不浸透着我院一代代文物考古工作者拼搏奋斗的艰辛。在我省文物考古事业的发展进程中，他们始终恪守初心，身体力行地积极投身于四川文化遗产保护体系的缔造，甘之如饴地用心守护着巴蜀大地的文化遗产。在他们的努力下，四川先秦考古学的文化序列日渐完整，巴蜀文明起源和发展的历史脉络逐渐明朗，西南地区的历史轴线不断延伸，古代四川的文化面貌愈发清晰。他们为中国考古事业做出了卓越的贡献，为四川考古争得了荣誉，更为我院今天的厚积薄发奠定了坚实的基础。

　　《四川省文物考古研究院名家学术文集》是为四川省文物考古研究

院七十周年华诞而发起的一套纪念性文集，共九卷，分别收录了四川省文物考古研究院学术名家秦学圣先生、沈仲常先生、李复华先生、王家祐先生、曾中懋先生、赵殿增先生、黄剑华先生、张肖马先生、陈显丹先生的代表性学术论文。

这些老前辈中，有的是四川省文物管理委员会（办公室）初创成员，有的是新中国培养的第一批文物考古工作者，有的是新中国成立以来四川文物考古事业从蹒跚起步到步入"黄金时代"的亲历者、见证者。从旧石器时代考古到明清时期考古，从青藏高原的遗址发掘到长江三峡的文物抢救，前辈们筚路蓝缕，风餐露宿，心怀使命与赤诚，在巴蜀大地上写就了锦绣文章。他们将四川考古提升到了一个全新的高度，在中国考古史上留下了光辉的印记。在本职工作之外，前辈们对待后学更是关怀备至，倾囊相授，无私扶掖，令我们感念不已。

本套文集所收均为前辈们的心血之作，有着很高的学术价值：材料运用充分详尽，理论与实践紧密结合；视野开阔，旁征博引，富于创新精神；论述严密，分析鞭辟入里，给人以深刻启发；多学科手段交叉运用，研究路径多元。这些文字饱含着前辈们的科学精神与人文情怀，充分展现了他们求真务实的工作作风和严谨的治学态度。嘉惠学林、泽被后学，本套文集既是我院七十年学术发展历程的缩影，也是我院后学接续前辈们的学术脉络，踔厉奋发、继往开来的新起点。

"雄关漫道真如铁，而今迈步从头越"，衷心期望我院全体干部职工以前辈们为榜样，传承前辈们的优良学统，勇于担当，努力成长。按照习近平总书记提出的"在新的历史起点上继续推动文化繁荣、建设文化强国、建设中华民族现代文明这一新的文化使命"，在更广的领域、更深的层面开展文物考古研究和探索实践，笃行不怠，奉献出更多、更新、更好的学术成果，进一步积淀我院的学术底蕴，为我院创建世界一流考古机构注入崭新力量。

2023 年 10 月

作者简介

秦学圣先生（1917.5—1998.9），湖北省老河口市人，为我国著名的古人类学家、考古学家、民族学家，在古人类和古脊椎动物、体质人类学等方面造诣颇深。秦学圣先生早年留学美国，专攻人类学及民族学。中华人民共和国成立后，他毅然回到祖国参加社会主义建设。秦学圣先生曾任民革四川省常委，四川省政协委员、常委，中国自然科学博物馆协会理事，中  国人类学学会理事会主席团成员，中国"野人"考古研究会主席团成员，四川大学历史系客座教授，四川省文物管理委员会办公室及四川省文物考古研究所顾问和学术委员会委员等职。

1939年9月至1943年8月，在成都华西协合大学文学院社会学系读书。

1943年9月至1944年9月，在成都华西大学社会史研究室任助理研究员。

1944年10月至1944年12月，在四川仁寿文华中学任英文教员、教务、训育主任。

1945年2月至1945年4月，在重庆求精中学任英文教员。

1945年5月至1945年7月，在遂宁精益中学任教务主任。

1945年9月至1945年12月，在重庆精益中学任英文教员。

1946年1月至1950年2月，赴美留学，在美国西北大学（Northwestern University）研究生院人类学系专攻人类学及民族学。

1950年5月至1950年底，回国，在北京华北人民革命大学政治研究院学习。

1951年1月至1952年10月，在上海华东军政委员会文化部任研究员。

1952年11月至1955年1月，在重庆西南师范学院图书博物馆专科任教授。

1955年2月至1981年12月，在四川省博物馆任研究馆员、历史部主任、研究部主任等职。

1982年1月至1988年，在四川省文物管理委员会办公室任研究馆员。

作者参加华西社会系校
友、成都社会学学会联谊
活动留影

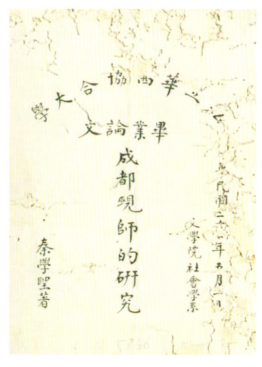

私立华西协合大学毕业论文《成
都觋师的研究》，秦学圣著

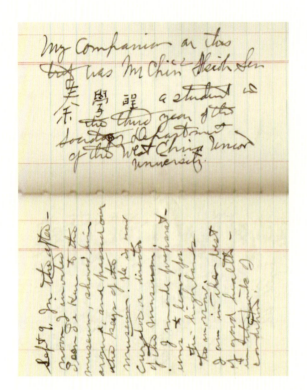

葛维汉手稿，其中有作者
的名字

葛维汉著《羌族的习俗与宗教》
前言中提及作者的名字

PREFACE

In the summer of 1925 the writer went on a collecting expedition for the Smithsonian Institution to Sung-p'an 松潘 and the Yellow Dragon Gorge. On the way to and from Sung-p'an he passed through Wen-ch'uan 汶川, Wei-chou 威州, Mao-chou 茂州, and Tieh-ch'i 叠溪, which are in the Ch'iang region, and on the return trip he also visited Kuan-chai 官寨, which is the center of the Wa-ssŭ 瓦司 people. He met a few of the Ch'iang people 羌人, and took pictures of them.

During the summer of 1933 the writer spent his summer vacation among the Ch'iang people, collecting natural history specimens for the Smithsonian Institution. Among the Ch'iang villages that he visited were K'a-ku, O-erh, Lung-ch'i-chai 龍溪寨, Tung-men-wai 東門外, T'ao-tzŭ-p'ing 桃子坪, and also Tsa-ku-nao 雜谷腦 in the country of the Chia-jung 嘉戎, and T'ung-lin-shan, the home of the hereditary ruler of the Wa-ssŭ. He witnessed the Ch'iang social dances at Chiu-tzŭ-t'eng, visited many Ch'iang homes, temples, sacred groves, and shrines, took notes and pictures, and collected their artifacts for the West China Union University Museum.

In the summer of 1941 the National Ministry of Education of China and the Border Service Bureau of the Church of Christ in China sent a group of 70 university students and professors to the borderland for social service and research. It was the good fortune of the writer to be included. With Mr. Ch'in Hsüeh-sheng 秦學琛, a student of the West China Union University, he was sent to the Min River valley to study the Miao who were supposed to be there. Finding that there were no Miao in that region, he turned to the study of the Ch'iang, visiting Mao-chou, Li-fan 理番, Wei-chou, Wen-ch'uan, K'a-ku, Mu-shang-chi, Lung-ch'i-chai, Tung-men-wai, T'ao-tzŭ-p'ing, Ta-ho-p'ing-chai 大和平寨, Ts'a-to, Ts'a-to-kou, and T'ung-lin-shan.

The following summer the writer was sent for further research among the Ch'iang by the Border Service Bureau of the Church of Christ in China. In addition to the places already mentioned he visited P'u-wa, P'u-ch'i-kou, P'u-ch'i-chai, Chia-shan-chai, Hsi-shan-chai, and Lo-pu-chai. Between 1933 and 1948 he made a number of shorter trips to the Ch'iang region, and in addition brought several Ch'iang men to Chengtu, where for weeks at a time they

Chin I Middle School,
Yam Tze Shi,
South Bank, Chungking.
CHINA

Dr. M.J.Herskovits,
Department of Anthropology,
Northwestern University,
Evanston, Ill. U.S.A.

October 27th 1945.

Dear Sir,

With great pleasure Ican have the fortune to write
you. I am very glad and grateful that you have promised me
to be your student and granted me a fellowship of US$ 1,000.
It's awfully difficult to a Chinese student for going abroad
at present; so i have delayed for a long time in Chungking.
But I have got my passport and finished all the requirements
because of the special case which is to further the cultural
relations between America and China.Now I'm awaiting the
transportation for my departure. I hope that I shall have
started for America when you receive this letter.

i should like to write you telling of the above and
send you all good wishes and a picture herewith.

Yours very faithfully,

Tsin Hsueh-sheng
(Ts'in Hsueh-sheng)

赴美留学前作者写给赫斯科维
茨教授的信件

青年时期的作者

ISTHMIAN STEAMSHIP COMPANY

71 BROADWAY, NEW YORK 6, N. Y.

S.S. STEEL INVENTOR   VOY No. 69

PORT AT SEA   DATE FEBRUARY 3, 1946

Professor Melville J. Herskovits
Department of Anthropology
Northwestern University
Evanston, Illinois

Dear Sir:

Fortunately I had the chance to leave Shanghai on January 18th. This cargo
vessel takes about fifty days to make the trip, so I should arrive in New York
about March 5th.

Most ships from Shanghai to the west coast are troop transports. Therefore
if I didn't take this ship I should have to wait until May for transportation.

There are seven passengers on the ship and forty crew members, representing
sixteen nationalities, of which I am the only Chinese. English is the most common
medium of communication among these diverse languages.

Barring unforeseen delays, I expect to be in Evanston on or about March 16th.

Respectfully yours,

Ts'in Hsueh-sheng

Ts'in Hsueh-sheng

作者在赴美途中写给赫斯
科维茨教授的信件

The STEVENS Chicago

C. N. HILTON, President • ROBERT P. WILLIFORD, Managing Director

Chicago March 13, 1946

Dear Sir:

I arrived here this morning. I am
going to see some museums, then go to
Evanston. I hope I could get there
on March 16. I am very glad to send
my best regards to you with this letter.

Respectfully yours,

Ts'in Hsueh-sheng

作者抵达美国时写给赫斯科维茨
教授的信件

秦学圣夫妇年轻时的合影

工作中的作者

作者与成恩元先生

1984年2月25日，作者（右）与贾兰坡先生（左）、成恩元先生（中）留影

考古学概论

美国 詹姆斯·赫斯特著
秦学圣 李小川 合译

［美］路易斯·H·摩尔根 著
秦学圣 汪季琦 顾宪成 译
秦学圣 校

印第安人的房屋建筑
与家室生活 文物出版社

作者部分译作

左：［美］詹姆斯·赫斯特著，秦学圣、李小川合译：《考古学概论》，成都市文
　　管会办公室，1987年。

右：［美］路易斯·亨利·摩尔根著，秦学圣、汪季琦、顾宪成译，秦学圣校：《印
　　第安人的房屋建筑与家室生活》，文物出版社，1992年。

目 录

忆父亲秦学圣　　/　001

石器考古

西康的石器时代遗存　　/　003

华西协合大学古物博物馆的石器　　/　010

四川的一种新石器时代晚期文化　　/　016

中国石器琐记　　/　019

开展云、贵、川古人类和旧石器时代考古工作新局面　　/　022

人类学研究

关于资阳人的年龄和性别问题　　/　029

"僰人悬棺"人骨初窥　　/　038

"僰人"的几个体质特征与傣族和川苗的比较　　/　042

"僰人"十具骨架的观察与测量　/　047

荆竹坝 M18 号崖棺两具尸骨的鉴定　/　076

西南考古

四川古代的白人坟　/　083

川南的"白人坟"　/　085

重庆近郊的建窑遗址　/　088

民族学研究

成都瞍师的研究　/　093

随　笔

武当琐话　/　147

需要预见和想象力　/　152

办好我国自然科学博物馆的几点设想　/　154

附　录

秦学圣主要译作介绍　/　163

论著目录　/　216

编后记　/　221

忆父亲秦学圣

欣闻四川省文物考古研究院成立70周年之际要给单位的老同志们出文集,借此契机,我整理了一下手头有关父亲的资料并整理成文,以此来缅怀父亲,并表达我对四川省文物考古研究院成立70周年的衷心祝贺。

1917年农历3月12日,父亲出生于湖北省之老河口。其时我的爷爷在为基督教做传教工作,后因传教工作不能维持生活乃改经商业,但又因资本不足生意无法开展,故父亲家中一直贫困。父亲七岁时曾进入家乡一教会小学念书,后来该学校停办,乃转入私塾就读,学习四书五经。此后又因家中经济困难,只好停学,在家中度学徒生活,每日早起打扫门内外清洁,并代爷爷在其开的小店中当售货员,那时父亲十六岁。父亲十八岁时,因看别的青年皆有求学机会,自觉落后,乃请求家中支持他继续学业。因我爷爷当时生意不坏,乃送我父亲至河南邓县县立初级中学读一年级,在此一年之中父亲对所学颇感兴趣,成绩相当优越,被选为级长。次年因爷爷往南阳经商,父亲亦随往转入南阳私立南都中学就读,于1936年毕业。后因父亲的姐姐及姐夫在汉口居住乃赴汉口,父亲于1936年秋入武昌博文中学读高中一年级,至"七七事变"时乃加入学校所组织之宣传队旅行各地宣传抗日。南京失陷后,父亲赴重庆,入求精中学念高中三年级,于1939年夏季毕业,是年秋考入成都华西协合大学文学院社会学系读书，在该校读二、三年级时曾任该校社会学系系会主席及文学院院会主席。1943年夏季父亲大学毕业后留校，服务于该校社会学系附设之社会史研究室，任助理研究员之职。惜父亲在华西协合大学的毕业证已遗失，所幸我在四川大学档案馆（校史办公室）查到了父亲从华大毕业的确切时间为1943年6月26日，还在"华西协合大学创办110周年主题文献展"（线上展）里下载到了父亲的毕业论文《成都觋师的研究》（见图版3）。

在华西协合大学学习期间，父亲参加了华西边疆考察工作。在葛维汉所著《羌族的习俗与宗教》一文的前言部分我看到了父亲的名字，依该文前言所述："1941年夏，中国教育部和中华基督教边疆服务部派出了70多人的教授和大学生团体到边疆地区进行社会服务和调查。笔者（葛维汉）也幸运地忝列其中，同华西协合大学的学生秦学圣先生一道被派往岷江峡谷研究苗族。但这一带并没有苗族，于是，转而研究羌族。到了茂州、理番（理番即今理县，当时的县治在今薛城）、威州、汶川、克枯、木上寨、龙溪寨、东门外、桃坪、大和平寨、簇头（ts's-to）、簇头沟以及涂禹山等地。"（见图版4）

值得一提的是，20世纪早期开展的一系列华西边疆调查及研究具有开创性，为西南地区的传统文化研究奠定了基础，其工作成果近来也逐渐得到了学界的认可和重视。1980年代，父亲对刊载在《华西边疆研究学会杂志》上的一些文章进行了翻译，应是自觉其价值之重要，并希更多学者了解之意吧。

1944年秋，父亲赴四川仁寿文公场文华中学任教英文，后又兼训育主任、教务主任及代理校长职务。我年轻的时候曾在青神下乡，青神离仁寿很近，就是那个时候，父亲和我谈起过他在仁寿文华中学任职时的一些经历。后来我在网络上浏览到一篇文章《文宫往事：任教文中的秦学圣先生》，其中对父亲在年近古稀时写的《寄语文宫中学》一文进行了摘录，与父亲同我讲之事相符。从这些文字里，我体会到了父亲对生活的热爱和对国家的赤诚之心，特誊录如下：

解放前我到文华中学任教，学校的优美环境、教职员工的深厚情谊和同学们的淳朴好学精神，给我留下了不可磨灭的印象。四十一年过去了，那里的一切常引起我的怀念和遐想。

一九四三年的我在成都华西大学毕业后留校任中国社会史研究室助理研究员，每月薪俸为大米五斗，维持我一个人的生活十分紧张，一九四四年夏"六腊之战"中，突然接到好友来信告诉我，爱国抗日将领潘文华将军捐资兴学，为国家、桑梓培育人才，在仁寿县文公场已创办了一所文华中学，正在物色教师，恳切地约我一道去任教。我以盛情难却，欣然同意去作一初中教员。薪俸是每月大米一石八斗。

我在文华中学只待了两个多月，除教英文外，还兼任教导主任和代理校长等职，工作虽然繁忙，生活倒还十分愉快。课余常同一些教师坐在文公场小河边一家幽静的茶馆内，纵谈国事；晚饭后，常到大本堂对面小山上的松林里散步，或赏月谈心，或引吭高歌；有时还凑钱沽酒。大家和谐相处，真诚协力搞好教学工作。这一切都成了我生活中极其美好的回忆。

我们这批年轻教师，抱负各有不同，但都对当时国民党的黑暗反动统治心怀愤懑，上课时常给学生讲时事，谈民主，启发他们关心政治，培养他们的抗日爱国情操，鼓励他们读书不忘救国，使得学校的学习和爱国空气十分浓厚。记得有一个美国飞行员因同敌机作战受伤，降落在文公场附近，同学们见他背上印有"来华助战"的字样，便友好地把他引到学校来。我们给他饭食茶水，并请他给全校同学讲述同日本飞机作战的经过，由英文教员王桂林老师和我担任翻译，同学们很受鼓舞。这位美国军人还讲道："我万没有想到在这个偏僻的山乡竟有人能讲英语，帮助我解决了困难，我非常惊异和感激。"后来我们把他领到有关机关送回基地。（《文宫中学校志》"大事记"记载：民国三十三年（1944）秋，美机坠于观音乡，飞行员名叫康勒，他做演讲时，由秦、王二人做翻译，康勒对二人的英语谈吐颇为敬佩。）

一天，仁寿县的县长威风凛凛地来到学校，要我召集全校同学听他"训话"，目的是动员同学"自愿"报名"参军"。同学们出于抗日爱国热情，报名者有数十人。后来这些学生的家长们知道了，认为这是去为国民党当炮灰，不是真要抗日，都来找我哭诉说情，不让他们的孩子去当兵，仍留校读书。当时我甘冒风险，对家长们说："不去就不去好了，反正县长说是自愿。"结果一个学生也没有去。

四十年前我还是二十多岁的小伙子，现在已年近古稀，儿孙满堂了。新旧社会的沧桑迭变，使我在追求真理的过程中悟出了一些道理：资产阶级的民主和自由化是自欺欺人、也害人害己的；人生的真谛在于为人民服务，走社会主义道路，为实现共产主义而奋斗。解放后的三十多年间，我虽然在为人民服务方面做得不够，但已尽力而为，目前仍在为社会主义现代化贡献余热。我在文华中学教过的学生中，有的是工程师，有的是教师，有的是科学工作者和其他方面的专家，各自在不同的岗位上为祖国的社会主义革命和社会主义现代化建设贡献了力量。文华中学经过近半个世纪的艰苦奋斗，也不断地发展壮大而成为现在卓有声誉的文宫中学。有必要对这段漫长的校史进行回顾和总结，以便进一步发扬优点，克服缺点，把学校办得更好……

因办妥美国西北大学（Northwestern University）的入学手续并得有奖学金，父亲乃辞去仁寿文华中学教员一职，于1945年春赴重庆办理出国手续。不料当时国民党反动政府的外交部只发护照给官僚子女，而不给父亲发护照，所以父亲只好在重庆求精中学任教英文。不到一月因该校在四川遂宁的分校需要英文教员兼教务主任一位，故父亲又被派赴该地充任斯职。1945年8月，父亲回到重庆，于此时期领得护照，但还需等待美领馆签证及交通工具，父亲乃在重庆南岸之精益中学任教英文，借以维持生活。父亲于1946年1月2日离开重庆到上海，1月18日离上海，3月4日始达纽约，4月1日即开始在美国芝加哥附近之埃文斯顿城内之西北大学上课。

我之前去信给美国西北大学，希能找到父亲的毕业论文，毕业论文虽未能找到，但是他们找到了华西协合大学李安宅教授以及父亲与西北大学赫斯科维茨（Herskovits）教授联络时所写的几十封信件，这些信件大致勾勒出了父亲赴美留学的时间线，其中有封信上还附有一张父亲留学前拍摄的照片，让我很是欣喜（见图版5-6）。

父亲在大学时即对唯物史观及唯物辩证法的理论有兴趣，看了不少此类书籍，到美国后他听了一些言论深感格格不入，故常与该人类学系主任辩论，又以常订阅美国之进步的报章杂志，乃被该系主任认为有共产党之嫌疑。次年父亲的奖学金被取消了，同时父亲的硕士学分早已读完但仍不让他毕业。父亲便在当地一家百货公司仓库内找了一个做苦力的工作，以维持简单生活及学费。至1949年底，父亲的学分已达到博士学位之标准，但仍受该系主任为难。好在父亲赴美留学的目的在于研究学问而不在乎学位，所以父亲以返国参加新中国建设并为人民服务在即，乃向该系主任辞行，并告以中华人民共和国前途之光明和伟大。次日，父亲被通知学校准发给硕士学位，而博士学位仍须视将来之论文而定。当时在外留学的学生大多数都是很爱自己国家的，我在《人民日报》1950年12月第3版专栏"我国五百余名留美学生发表声明 痛斥奥斯汀污蔑中国人民"的集体签名里看到过父亲的名字。

除了求得机会为人民服务之主要目的外，父亲还曾告诉我他坚决回国、到四川的一个原因。前面我提到了父亲参加川西边疆考察一事，应该就是在那时，葛维汉博士希望我父亲为建立中国华西支派人类学系效力，华西协合大学也有此意，所以由当时华西协合大学的李安宅教授向教育部推荐，公派我父亲赴美留学去学习人类学。父亲应是在出国留学之前就打定了学成后要回国的主意，既因不能辜负重托，也因他深感四川是研究人类起源的重要地区之一，在四川研究人类学是大有可为的。

父亲回国时沿途经过了檀香山、日本、马尼拉、中国香港等地，他在香港停留时曾听说解放区一切都很不好，但到了天津大沽口，他即开始觉得一切是有希望的。他说天津的警察、海关人员及解放军工作都是那样的认真、合理，态度之正确使他吃惊，以往旧社会的官僚作风全无。他想不到中国这一变，变化会如此之大，新中国的人民群众及政府工作人员工作之认真和勤劳是父亲所佩服的。

1950年底父亲终于回国。因长期在美学习，父亲感到对马列主义、毛泽东思想不是很熟悉，所以回国后，他在北京华北人民革命大学政治研究院学习了大半年。父亲在留学美国期间认识了我的母亲，母亲当时在芝加哥一所基督教学校学习幼稚心理学，两人回国后在北京喜结连理（见图版7）。

1951年1月至1952年10月，父亲在上海华东军政委员会文化部任研究员。

1952年11月至1955年1月，在重庆西南师范学院图书博物馆专科任教授。

1955年2月至1981年12月，在四川省博物馆任研究馆员、历史部主任、研究部主任等职。

父亲回国时，将他在美国西北大学的毕业论文带了回来，但在动乱岁月被人拿走了，同时被拿走的还有一些老照片、手稿和一台父亲自制的简易幻灯机。对于那段时间耽误的一些工作计划和理想，他从不耿耿于怀，对于那段时间的冲击，他也一笑了之。在我眼里，父亲是一个谦和豁达、淡泊名利、低调朴实的人，父亲那种坦然、平静的性情也深深地影响了我。1969年我就下乡了，4年后因政审不合格，我不能参加国家单位的招工、不能考大学。我只读了一年初中，后来再未进过校门，今天我掌握的大部分知识都是我自学的，多学一点，我就心安一点。我相信父亲长期学习、研究人类学的过程，是有助于他理解、洞察人活一世的真谛的。在我父亲的眼里，似乎没有什么大不了的事情。他觉得每一个人都是沧海一粟，一代人有一代人的使命，用心做好当下自已能做的事情就好。耳濡目染，我慢慢也懂了这些，所以可以坚持走到今天，没有行差踏错。

父亲恢复工作以后，仍在四川省博物馆工作，后来省博和省文管会（办公室）两家单位分开建置后，父亲于1982年1月，任四川省文物管理委员会办公室研究馆员，直到1988年退休。父亲是延迟退休的，他退休的时候都70岁了。

父亲一生颠沛流离，大部分时间都过得极为辛苦，但始终满怀一颗赤子之心，即使在艰难的岁月里，他也未曾放弃过对知识的渴望和对学术的热爱。恢复工作时，父亲已年过花甲，但他十分珍惜来之不易的工作机会，不顾年老体弱，多次深入一线主持工作，并相继开展了多项体质人类学的研究工作（见图版7-8）。20世纪80年代，改革的春风吹遍祖国大地，中国考古事业也迎来了新时代，人们迫切渴望学习国际上先进的考古学理论方法和了解最前沿的学术动向。父亲在繁忙工作的间隙，查阅大量外文文献和报道，翻译、校对了不少经典著作文章，将国外先进的考古学理论方法介绍给国内同行。

父亲发表的文章颇多，惜其中有些文章（如：《给尼人恢复名誉》《西欧早期智人与现代智人的关系问题》《探测未来是人类学应用的一个主要方面》等）因各种原因已散失，未能入文集。他一生致力于中国考古学、人类学和民族学的发展。现在相关学科体系在全国院校中均已基本建立完善，中国在考古人类学方面也取得了很多重要进展。革命后继有人，父亲那一辈人类学家的愿望终于实现了！祝愿中国的古人类、旧石器时代考古在未来续写佳篇！

秦琦

2023年8月6日

石器考古

西康的石器时代遗存

华西协合大学古物博物馆的石器

四川的一种新石器时代晚期文化

中国石器琐记

开展云、贵、川古人类和旧石器时代考古工作新局面

西康的石器时代遗存①

    半个世纪以前新西兰南部，作者父亲的农场里的杯形地陷和伴存的新石器时代遗物魔力般地使作者头脑中出现了毛利人和摩洛人在莫滑（新西南一种绝灭的无翼大鸟——译者注）的最后果腹场地上行猎的幻景。十多年后，在澳大利亚，模糊的迹象暗示那里在现代土著之先，另外存在着一种文化。很久以后，作者在幻想中高兴地看见格列汉地和克尔格伦岛已绝灭的塔斯马利亚人的生活场地上出土了文化遗物。幸运的是，在中国康藏地区，类似的白日梦都已经成为现实。这篇文章就是为使文化人类学家有机会补证这一断言而写成的。

    一、研究者须首先注意西康的一些出现过石器时代文物的地点。西藏陆地像一个位于高山块体顶上的干海，周围仍显示着其巨大的边缘，那些较高的山脉及其时而可见的雪罩的山峰以及那些侵蚀出的准平原好像是它无数的群岛。有八九条河从它的东边和南边穿流出去，但在其北部有两个不通海洋的内陆盆地，占有西藏一半的面积。古代人类占据这块土地究竟到什么程度，至今尚不清楚。但在其东部边缘的坡地上

---

① ［澳］叶长青："Prchistoric Remains in His-Kang or Eastern Tibet"，秦学圣译，原文刊《华西边疆研究学会杂志》第六卷，1933—1934年。

和在大的火山口形洼地（在西康为海拔7000—15000英尺之间）的丘陵和山谷里存在着某种智人或某一人种的文化遗物。有充分的证据说明古代人在这里有广泛的活动，他们遗留或抛弃的武器足供确定他们活动的某些重要中心。这些中心地点都标在地图上（见本卷末所附地图）。希望下面补充的叙述会对今后的民族志学者有所贡献。在目前看来，打箭炉可以说是一个古人最适宜的活动基地，从这里有道路通向各方，每一条道路将来都很可能提供一定的有价值的资料。

（1）首先考虑的是折多塘。它位于通往巴塘的大道上，离打箭炉约十英里。（2）从折多塘前进至毛丫干谷，通往云南的大路之一，经过15至20英里的艰难的途程到达一个山口形的地点叫朱利哈卡（Zhu Ri Ha Ka），海拔14850英尺，这里对于专家来说迄今证明是富有吸引力的。（3）沿着通往云南的大道继续前进，跨过高处的烂泥坝（Lanyi Bar），距朱利（Zhu Ri）山口15英里，到达另一个地点，洗毛厂（Ri Mo Chong），海拔14400英尺，在这里石器时代的人为我们留下了祖制的石器标本。（4）不顾再往南去可能还有更多的发现，我们转回到折多塘，并沿着往巴塘去的大道前进36英里至营官寨。这是一个很重要的中心。在这一地点及其南边的山谷和往北及往西北去的道路附近发现了许多石器。在利玛（Ngi Ma）山谷和这个要塞上面邻接里楚河（Li Ch'u）的山谷里也发现了石器。（5）我们又回到打箭炉，并且踏上了向北去的驮运大道，前进10英里至一未作仔细调查的地点，找到了各种石器，在由此至北20英里一带也有某些类似的遗物出现。（6）上行距打箭炉40英里处道路分成两支，一支通金川，另一支通道孚，它是向里去约100英里的一个中心地点。在这个分岔地点的一个史前遗址，发现了许多很精致的古代人的石器标本。（7）再向北行20英里，在卡甲或恰察（Ch'a Ch'ie），作者和包戈登于1931年7月从一个横跨大路的丰富的遗址进行过采集。（8）并且在虾拉塘，距道孚30英里，令人兴奋的是在黄土的最低层中发现了许多粗制的石器。（9）从金川—道孚岔路口前进65英里至大金川旁的丹巴。在一海拔7000英尺的遗址发现了许多由石英、花岗岩和云母片岩粗制的石器。（10）经过懋功北进到达抚边的黄土悬崖，距丹巴75英里，最后发现了小金盆地上的一个遗址。上面对一些遗址所在方位的简述，或许能使采集家满足他们的求知欲，并发现更多的遗址。切不可让费用和体力的消耗成为富有成效的考察的障碍。

二、对上述遗址的地质环境作一些补充说明可能是有益的。至于冰川对西藏地形有多大的改变，则是作者力所不能解答的问题，不过在上面提到的一些地区我们发现有各种U形谷；深的V形峡谷经过长期演变而成幽暗的箱状绝壁谷；偶尔还可见到这两种形式相结合的山谷，即在一个巨大的U形谷的谷底侵蚀出一个深的V形谷，在前种形式的山谷迄今未发现什么文物，因此，我们期望在后一种形式的山谷中发现长时期经自然力冲击而暴露出来的遗址和遗物。

（1）折多塘遗址位于一个看来似古代冰碛形成的阶地上。埋藏得很久的石器由于水的冲刷和通往拉萨的路上的无数动物的踩踏而暴露出来，这些东西一般都是小形，制作技术也很粗糙。不过在毛丫干谷中那些经过动物践踏而成的沟槽和碎石中发现了大形粗笨的武器和工具。没有证据足以说明这些东西和在折多阶地发现的东西是属于同一文化时期，尽管使用这种大型工具的人，可能也曾居住在高阶地上。

（2）朱利哈卡遗址，大约海拔14950英尺，显示一种与折多阶地发现物相似的文化。这个小的山口自来就是通往上面提汝（Ti Ru）草原的大道。如果包戈登发现的这个遗址下面岩石上的线槽证明是真的话，这个山谷则是由一个具有巨大力量的冰川凿成的。这个山口是被冰川冲缺的山溪河床，或者是由于一个冰舌伸延至邻近的毛丫干谷而造成的。但是对于史前学者来说，最重要的是"原始人在什么时候——冰期前、冰期或冰期后——选择这样一个偏僻的地方作为生活场所？"我们只能初步肯定这些处于文化发展阶梯的最低级的人迫于敌人的压力或受丰富的猎取对象的吸引而在这里生活。

（3）烂泥坝玉龙石河边的遗址也是很有意义的。在大约海拔

14500英尺高度开始出现文物。不过距山顶约10英里处，我们到达另一个小山，位于玉龙石河流之上100英尺高度的右岸，也是其古代河床的左岸。在这里的岸边和浅沟内发现了一种制作精细的相似于朱利哈卡出土物型式的石器。

（4）营官寨位于两个平原的交界处。虽然在这里发现的文物不是出于地层原位，但却是在比较特殊的情况下采集的。这一带的藏民是农民，他们热心除掉耕地里的石头，把它们堆放起来，用作砌屋壁、书写"六字真言"的矮墙，铺修道路以及作当地堡垒的基础。从很多废墟、石堆和古沼泽地中找到了很多精致的石器。有一些石器已砌在一些农舍的墙壁上。由于相似类型的石器随处可见，所以没有必要去接洽购买农舍来拆取石器。再者，这样不合常规的行动会给公元3000年的热心考古家遗留某种麻烦。营官寨的这些特点也普遍存在于阿泰（Ate'）及其较低的地点，一直到向西北去的卡子拉（Ka-Zhila）；并且在某种程度上利马（Ngi Mla）河口（Ho Kow）和拉贡（La Gang）山谷亦是如此。

（5）前述在向北去的驮运大道边的遗址，位于一个像冰碛的地带，在这里发现了石刮削器、石刀和手斧，前二者是在较坚硬的地层中，经过人、动物和自然力的扰乱而暴露出来；后者是在涧、沟和碎石经过同样的扰乱而被发现。有些石器的石质不是当地所有，虽然在这个遗址下边的地带没有什么有意义的发现，不过这些古代的猎人已经向以北的地方展开活动。有一件手斧的石料，实际上只存在于120英里外的小金河谷。

（6）道孚——虾拉塘遗址对史前学者来说，具有非常重要的意义。在道孚一带，石器出现于穿越扇形冲积地的沟、槽中，和因风成作用而形成的黄土结构的坪地上。不过石刮削器、石锯、石手斧和石刀等在恰察（Ch'a Ch'ie）的古河流冲积层中，以及此地与虾拉塘天主教堂所在处之间10或12英里的地点发现的最多。

恰察遗址似乎是史前西藏人的一个人口众多的重要聚居区。

（7）由天主教堂所在地下行约2英里在谢楚河（Shi Ch'u）的左岸

发现了许多大型石器和石核，在黄土崖壁的较低层也找到了一些，并且还有史前学者感兴趣的骨头和其他资料。这块神秘的土地具有为地震所折裂的丘陵和一个被漂流侵蚀的平原，它不仅会给文化人类学家提供丰富的素材而且可能比其他地区更爽快地提供实物资料以推断它在人类史中的地位。

（8）哥巴遗址提供的情况可以说明另一方面的问题。它属于峡谷和绝壁谷的地形。石器主要是由很易破碎的云母片岩制成，笨重而粗糙。但也有些石器是用页岩、石英、花岗岩或闪长岩和菲细岩制成。但在这一地区野人的传说甚多，几乎不能说是人类的遗物，因此，有必要寻找更多的资料来证明已发现的那些东西是属于史前古物。不过这个"活动场地"具有很多有利条件。紧接着丹巴的西面，接近雅河与大金川交汇处有一个不怎么美观的山峰，它的崖壁上有一些天然洞穴。下面是一个小滩，靠近丹巴的一方是一块不大的适宜于农作物的坪地。在岩石以上，面对着一个向阳而避风的凹地，有一些岩腔和台地，可为那些半裸体的人提供温暖和遮蔽风雨的场所。这个地点不仅能得到自然环境的保护，而且有利于制胜敌人的攻击，是好的渔场，又有丰富的动物和燃料可供获取；有可借以取火的石英石还有一些土地可种植谷物和蔬菜。

（9）在小金的主要河谷内发现了许多石器与丹巴所发现的在形制上有所不同。不过在懋功以上30英里的抚边是这个盆地的一个最值得考察的中心地点。因为在这个行政中心一带黄土河岸和阶地很多，可望在地层中发现文物。虽然在其上面和下面的大路上发现了很多石器，但是除少数具有重要性的石器（如果是真正的石器）外，在崖壁面上没有找到石器。这是令人失望的；但这可能意味着古代遗址尚未被发现，或是已被水冲掉，也可能是由于山崩而遭到毁灭。虾拉塘最低处的崖壁未经考察之前也是同样令人失望的。

三、除了上面介绍的情况之外，再补充一点关于民族志方面的一般性资料。制作石器所用的物质是多种多样的，我们已经提到的有石英、片岩、页岩和花岗岩还可以加上玄武岩、矽石、水晶、闪长岩、霏细岩、片麻岩、砂岩、响岩，或许还有陨铁。石器从用途方面说有手斧、棒、锯、刮削器、刀、锤、锥、器皿垫座和用途不明的反投器等。有一两件似铺路的碎石，也可能是矛头。还有少数东西似乎可以解释为用于非世俗的目的。我们承认汉人和藏人都不臆测"旧石器"是怎么造成的，但某些类型的新石器却被认为有近乎神灵的起源。毫不奇怪，某些欧洲的评论家经常以同样的认识来对待冰川压力、地动、水的作用、动物的足蹄、热和冷以及其他许多世俗的动因。还可以增添更多的事例。比如说，大路边上的农民经常竖立柱子和横木栅栏以保护他们的农作物免受漫游的动物的损害。这些柱子是用一些受水腐蚀过的物体紧打入地上的柱洞里而造成的。冲打柱子时所造成的痕迹和裂缝可能惑乱过分热诚的无经验的学者。西藏有许多石砌建筑和大量石建筑的废墟，其上面偶尔的修饰也都可能造成学者头脑中的迷乱。不过一块从采石场炸掉下来的石头，不论从哪方面来看都与一件石雕刻品不同。所以不要忘记石器时代的人根据他们的需要而精确地发展了他们制作石器的技术。他们精心地选择石料并予以熟练地加工。某一时期他们制出可用手握的工具，另一时期又制出可以装柄的工具。他们就是这样不断地改进他们的工作。有些投掷器很笨重不能作一般实际使用，甚至也不能用于仪式。如果这些不是用作像反投器那样的石核工具，那么就可能具有像现在游牧人帐幕中常见的支垫器皿的作用。还有各种形状的中心凹陷的笨重的石块，是用来打钉幕桩的石锤。以前的人在使用火时产生的各种物质的碎片可以修饰成适宜于各种用途的工具。但是残留的燧石和人类取火过程中的废弃物可以用相似的办法制成工具。不过可能在某些区域出现人们把这些具有双重作用的好看的物体奉为神圣的现象。

一件东西是否为古物的问题须由专家来解决，但是即使是一个业余工作者亦足能判断出上述"反投器"和"石锤"是现代人的产物。关于在不太远的过去，金川存在着一种野人的这种信念以及现存与这种传说有关的风俗习惯也都不容忽视。著名的得莫尔多山可以提供有力的证据。因为得莫尔多或莫尔哥是西藏真正土著的名称。妖怪和红脸野人也想争取得到这称号。事实上确有这样一种传说，认为在石器时代一个神猿和一个女山妖是现代西藏各族群的始祖。鉴于存在"萨尔温江食人肉的人"的传说，似乎有必要弄清楚矮人国王"曾归服传说中的一个中国统治者"的说法是否仅仅是神话而已，也要弄清楚伏羲文化以前旧石器时代的人群的情况。另一方面，虽然缺乏动物或植物的遗骸使研究者遇到障碍，但在很早的时期就使用铁（事实上汉人，除非受了欧洲理论的影响，并不注意这些最好质料的器物与人的关系，也少有使它们与鬼、神相联系），无疑也暗示无论如何尚存在各式各样的古物。对于冰川碎石和地壳运动的考察固然会为解决这样令人困惑的问题提供线索，但是我们寄希望于黄土层，希望有人会找到打开它紧闭的档案资料库的钥匙（图版和插图略）。

译文原载四川省文物管理委员会编印《四川石器时代译文资料》，1983年

华西协合大学古物博物馆的石器^①

华西协合大学古物博物馆藏品中有一批在四川和康藏边境采集的新、旧石器。有些石器的型式在欧洲也曾发现过，似乎至少部分地填补了中国东部北京猿人文化和旧石器时代晚期文化之间显然存在的空白。另一些型式在欧洲尚未发现过，也可能为世界这一地区所特有。少数的标本可能比北京猿人还要古老。

叶长青牧师（Rev. J. Huston Edgar）是华西石器的发现者。他在塔斯马利亚、澳大利亚和新西兰居住过，在那里采集并研究过石器；也去过新几内亚和占松群岛。他带着辨认石器的丰富经验和对石器的兴趣来到中国西部。

叶长青先生1913年开始采集石器。他最初送了小部分石器给亚洲文会博物馆，这些石器似乎下落不明。其余的石器现存华西协合大学古物博物馆。这些石器都是他从宜昌到理塘沿途发现的。大多数石器是在地层原位找到的，其余是在地层经过剥蚀而出现于其原位或附近的地点。这批石器都经本馆作了仔细登记、编目，载明发现日期、地点、是

---

① 〔美〕葛维汉："Implements of Prehistorical Man in the West China Union Uninersity Museum of Archaeology"，秦学圣译，原文刊《华西边疆研究学会杂志》第七卷，1935年。

否地层原位出土以及在什么情况下发现的。叶长青先生曾有一篇文章发表在本刊第六卷（第56页），描述了康藏边区的一些重要遗址，并附有一张地图。

本刊第二卷发表了几张叶长青先生所采集的石器的器物图。1930年赫音博士（Dr. Arnold Heim）同叶长青先生去过虾拉塘（Shanatang），他亲见叶长青在黄土层深部地层中找到了两件石器（见图版I）。赫音曾在欧洲几个科学杂志上和他自己写的书《明雅贡噶》（Minya Gonkar）中报道了这次发现。1931年夏天，叶长青先生陪同包戈登博士（Dr. Gordon Bowles）到这个地区来，他们两人共同采集了大批石器送给了华西协合大学古物博物馆。包戈登博士写了一篇文章报道了这次采集的情况并对采集的标本作了描述，发表在《中国地质学会志》上。这篇报道和这批石器之所以具有重要意义，很大程度是由于包戈登博士是一位经过高等学校专门训练的考古学家。他确认了叶长青先生的采集工作及其所采集的石器的真实可靠性。

作者曾以很大兴趣阅读了北京自然史实验所（Peking Laboralory of Natural History）主任阿玛斗·格列布（Amadou Grabau）的两篇文章。一篇是《人类起源于亚洲吗》，发表于《亚洲》（Asia）1935年1月号。另一篇发表于1934年的《亚洲文会会报》（Journal of the North-China Branch of the Royal Asiatic Society）。他认为第三纪晚期喜玛拉雅山脉隆起，蒙藏地区森林消灭，迫使人类的远祖，古猿从森林转入地面生活，逐渐演变成为现代的人类。

有意思的是在作者未读格列布的文章之前就听到过叶长青先生发表西藏可能是人类发源地的想法。后来当作者拿这两篇文章给他看时，他的这个信念更增强了。

格列布博士的另一部分理论说，在更新世期间，当大冰川和浮冰掩盖着欧洲大部地区时，人类不曾也不可能在中国地区生存。当人类回到中国地区时带来了旧石器时代晚期的文化，一直到新石器时代晚期以后才充分发展起来。

叶长青先生曾在宜昌与重庆之间采集了五件旧石器。其中有两件是在砾岩中经过剥蚀而暴露出来的。这种岩层是河流冲积的卵石，经华西一带水中大量的石灰质和其他矿物质黏结而成。这几件石器表现的粗糙打制技术以及上面的锈显示了古老的年代。另一件石器具有典型的平顶和本馆所藏石器中常见的那种弯曲的边刃。还有一件石器是制作精致而多锈的手斧，在欧洲可能被纳入阿舍利类型（Acheulean）（见图版Ⅱ）。

一件精制的新石器时代石斧是在重庆发现的，还有一大批新、旧石器发现于重庆和嘉定之间。叶长青先生说所有这些石器实际上都是在沿扬子江和岷江高水位标志以上地点发现的。在叙府发现的一件精制的新石器时代石斧，C/5012，经过打制和磨制。有几件较大石器，类似穆斯特型的石刀或刮剥器。制作方法是从一块大石头上打劈下一块石片，这种石片的边刃往往不进行修饰。有两个大石片是做来可以装柄的石锄或石斧。叶长青先生说他在朝鲜的博物馆中看到过一件类似的石器。

1916年一次洪水之后，叶长青先生就来到叙府附近一个刚被洪水冲露出的一个古代遗址，他在那里发现了七件石器。其中有一件是个拇指形刮削器（Thumb Scraper）。另一件是个榔头或石锤，腰部打制有槽，以便装柄。其余的五件可能被纳入穆斯特型，是从大砾石上打下来的大石片。其中有两件磨得锐利，只能把他们视为新石器。

C/4732是一件粗糙的手斧，有修饰的痕迹，是在嘉定与雅州之间的一个地区发现的。上面的锈看来很古老。叶长青先生在这个地区看见另外一些石器，但他没有采集。

在成都附近也找到了少量石器，其中一件是砂石做的新石器时代石斧，是叶长青先生同作者一起散步拾到的。

灌县、汶川、威州和理番位于岷江及其支流之一的两岸，海拔为2500至4000英尺之间，在这一带地区曾采集了一些石器。其中有几件是制作精致的新、旧石器。有一件石质坚硬、形状很好的新石器时代石斧和一个石凿。还有一件是白色石英石制的手斧。T/749是从卵石的一边打下的两条长石片。打下这样的长石片需要熟练的技巧。另有几件尖状器，几件可以装柄的石榔头，几件手斧、几件刮削器和一件拇指形刮削器。新石器比旧石器少些。

在懋功地区采集到60件以上的旧石器。有一件初看起来像一个旧石器，但它是一块质软的板岩，可能是由于水流的作用冲成石器的样式。最大的标本是一个石核或一个笨重的尖状器。一件是由大卵石制成的石杆或石锤。最少有两件看起来是可以装柄的。有一些手斧、一些尖状器和一些粗糙打制的刮削器。有七件是由云母片岩制成的。这种物质很软，如果不是在干燥的地方，是很难保存下来的。叶长青先生肯定他是在干燥的和受到庇护的地点找到这些石器的。有九件白色石英石器似乎都是手斧。T/1258是一件造形很好的手斧，T/1186刃的两面显示很精致的打制技术。

只有一件石器，T/L398，是在理番发现的。它是一件由火成岩粗糙打制的刮削器。

在打箭炉附近的折多塘发现了四件石器和一个骨穿孔器或骨椎。两件较大的，T/1329和T/1388，是平顶尖状旧石器。T/1329是一件具有在藏品中常见形式的制作得很好的石器，它的上面平坦，具有弯曲的打制的边刃。T/1356是一件拇指形刮削器，显示了精细的打制技术。T/779是一件充分石化了的骨穿孔器，是在一处冰川沉积层位发现的。

在抚边发现的两件石器都是在黄土层内找到的。一件是火成岩制的具有典型平顶的石斧或刮削器，上面有很古老的锈。另一件是砂石做的，有便于手握的凹陷。

在泰宁采集有一件由陨石制的手斧，和一件用白色石英精细打制的造形很好的手斧。陨石由掘金人掘出，上面有锈，含铁量很高。

在阿泰发现的石器都由黑色火成岩制成。只有一件小型刮削器是水晶制的。另一件是陨石做的。有四件石器具有弧刃，其中一件有一英尺长，形似镰刀。有几件典型的石刀或刮削器，圆形、平顶并有打制成的边刃。

由朱利哈卡采集的一批石器很引人注意而激发思想。大约有60件小的和10件大的旧石器。其中有些很粗糙看来却又像新石器。三件是白色石英做的，一件是燧石做的，还有一件是黑石，可能是斑岩。有几件石器表现了制作技巧。有两件，T/1233和T/1327，有所谓锯齿，这种形式在欧洲出现较晚。T/1187是一件典型的平顶圆刃石刀或刮削器。T/1350是件很小的具有这种形式的刮削器，长1.5英寸，宽1.25英寸。T/1222有锋利的尖端，显然是一个挖沟槽用的凿。有三件似乎是箭镞或矛头。T/1288（插图三）是一件小的，制作得很好的镰形器。

有几件石器多少有些类似欧洲的巨石工具。C/4742（插图五）是在威州发现的，其沿边与刃部显示的曲线，具有欧洲巨型石斧的特点。

C/4764（插图七）是在嘉定与重庆之间采集的一件阿斯脱利亚式（Asturian）尖状器。

考古学者首先想要知道的是这些石器是否都从地层原位采集而得。叶长青先生曾经指出其中一大部分是他从地层中采集的。有两件还是他在虾拉塘从地层中采集的，当时有赫音博士在场目睹。有些叶长青——包戈登采集品不是叶长青便是包戈登从地层原位采集的。大多数来自丹巴的石器是来自未经扰乱的黄土层。其余在虾拉塘和朱利哈卡遗址采集的石器都是在黄土层中找到的。T/727，精美阿舍利式手斧，是在未经扰乱过的地层的一个由水冲成的坑凹的深部暴露出来的。可以说大多数石器是从地层原位采得，也有不少是在它们附近发现，但属于与它们相似的文化类型。

在康藏边区海拔7000英尺以上的地点没有发现过新石器或磨光石器，至少作者或叶长青先生所知如此，但却发现过陶器，这是一个令人困惑的问题，因为陶器一般出现在新石器时代。

包戈登博士在上面提到的他的那篇文章中谈到在黄土层中发现了陶器。他说陶器所在层位往往接近地表，最深的层位是6英尺。姑且不论包戈登博士或许已注意到陶器是以后外来文化侵入的结果，似乎可以稳妥地假定陶器的时代比黄土层深部石器（大概是一种旧石器时代末期或中石器时代文化）的时代要晚些。这些黄土层深部出土的石器也或许是属于尚未使用磨光石器的新石器时代早期。

现在让我们把注意转到虾拉塘黄土阶地的示意图（插图8）上来，它不是根据精密测量而是叶长青先生后来在成都通过回忆绘制的。叶长青先生曾多次到过这个地点。石核工具和粗制的石器，发现于最低的阶地，标为C。在B的接近中心处发现了一具人骨架、木炭和一些动物的骨骼。这一部分地层，大概由于耕种的原因，现在已看不见了。在A发现了一些两面都经过打击的精致石器，叶长青先生称之为奥瑞纳式（Aurignacian）石器。

仓促推断是不科学的，但似乎不妨作如下暂时的结论：

1.人类在中国东部地区尚未被发现期间，由于康藏高原的气候条件不同，很显然，古代人在这一带狩猎和生活了很长时期。他们可能在某些时候曾经多次到过扬子江和岷江流域游动。

2.在海拔最高的地点缺乏石器时代晚期人类活动的迹象，但在海拔7000英尺以下这种迹象变得明显，特别在富庶的四川低平地区。

中国西部地区是考古工作富饶的田野，它需要训练有素的考古学家在中国政府许可下进行考察。通过这种考察将会发现大量石器时代人类的骨骼和文化遗物，揭示人类历史未知的篇章（图版和插图略）。

译文原载四川省文物管理委员会编印《四川石器时代译文资料》，1983年

四川的一种新石器时代晚期文化^①

　　1933年一位四川苗族朋友给我带来了一件在四川南部发现的新石器时代石斧。它是一件由坚硬的火成岩磨制而成的造型很好的石器。可惜这件石斧的刃部被人磨去当药物使用，因为在四川一些缺乏科学知识的人相信这样的石头埋藏在土地里是空中扯火闪和打雷的结果；并且认为从这样的石头磨下的粉末是优良的药物。毫无疑问很多精致的新石器就是这样地被毁坏了。

　　1934年的夏天，我到珙县去为华西协合大学博物馆采集川苗的文物或工艺品，没有准备采集石器。当我到达珙县的那天，在一个山脊上面检查大路附近的石灰岩以寻找化石时，我发现一块石头很像一件农民用来割草的镰刀。实在令人难以置信。在我的思想中一直认为像石灰岩这样松软的物质不大可能用来制造工具，所以，准备把它丢掉。不过我还是把它保留下来，以便说明一块天然的石头可以多么近似一件人造的石器。

　　几天之后，我问一位川苗朋友是否曾经见过叫作"雷公石"的石

---

①　［美］葛维汉："A Late Neolithic Culture in Szechwan Province"，秦学圣译，原文刊《华西边疆研究学会杂志》第七卷，1935年。

头，他回答说这些东西在附近一带经常发现。我请他告诉大家，我准备收购这些东西。

过了不久，这样的石器就开始送到我这里来。它们是一些用坚硬火成岩制成的，刃部比上部要宽些，色调也各有不同，由淡黄或褐色至暗褐或黑色。其中有些石器还表现了高度制作技巧。总共搞到了四十九件石器，其中有一件石凿，几件石锤或磨石，其余皆为石斧。

在这期间我已经发现了几块石灰岩的石头，看来像新石器时代的石刀或刮削器。我仍不相信石灰岩的石块可以用作工具。但是过了不久，我又发现了几件这类尚有疑问的石器，而且终于采集了C/9971（见插图3），是一件毫无疑问的用石灰岩制的石刀或刮削器，它上面的几个部分都经过精细地磨制。此后我就不再怀疑石灰岩制的新石器的存在了。

这些石灰岩制的新石器，大多数是在洛表与珙县之间发现的。大约有25件是在峨眉山上的新开寺附近发现的，迄今所有这些石器只发现于海拔5000英尺以下农耕区的几个地点。有的地点比另一些地点出土的石器要丰富些。例如在峨眉山脚的肖店子附近的一个地点发现了两件石器。在珙县附近一个大约有20平方英尺的范围内，我找到了3件精致的但形式不规整的石斧，C/9935、C/9936和C/9937。

有些石灰岩制的石器大而且重，但大多数是小型的石刀和刮削器。石灰岩制石器的形式和大小的种类要比火成岩制石器的形式和大小的种类繁杂得多。

很多石灰岩制的石器可以肯定地说是新石器，另一些多少有点疑问。不过不要忘记石灰岩比坚硬的火成岩腐蚀得要快些，只需几百年的时间就会使许多石灰岩制的石器变得不像石器。事实上在这一地区居住的现代人并无使用这类石质制作工具的概念。已发现的毫无疑问的石器，和那些在经常挖出火成岩精致石斧的地方发现的石灰岩制的工具，有力地证明华西地区新石器时代的人不仅使用精致的坚硬的火成岩石器，而且还使用大量的各式各样的石灰岩石器，这类石器容易制造，也容易损坏，一经损坏也就随便把它们抛弃了。

　　1934年9月间，朱焕章先生从贵州省带来一件坚硬的新石器时代石斧，与我在珙县附近发现的石斧相似。叶长青牧师曾经在扬子江和岷江沿岸、灌县附近、汶川和威州也发现过类似的新石器时代石斧。显然，已发现的这些用石灰岩和火成岩制成的石器，可以使我们追索到一种新石器时代晚期的文化，这一文化不但遍及四川甚至可能遍及中亚细亚的大部分地区（图版和插图略）。

译文原载四川省文物管理委员会编印《四川石器时代译文资料》，1983年

中国石器琐记[①]

　　1940年5月作者参观了纽约市的美国自然历史博物馆，有幸会见了该馆考古部主任纳尔逊（N. C. Nelson）先生，并对藏品进行了仔细的观察。纳尔逊先生是鲍亚斯等（1938年）著的《普通人类学》（鲍亚斯编——译者注）书中《史前考古学》的作者。

　　1925—1926年的冬天，纳尔逊先生沿扬子江作了一次考古调查，并于1926—1927年的冬天进入云南省境内。他沿扬子江自万县以上十英里的一个地点至宜昌以下十五英里的古老背进行了采集。他曾考察了三百六十七个岩洞和岩腔，有迹象表明其中三分之一以上曾在某个时期住过人。他所发现的两个最好的遗址是位于扬子江畔的古老背和云南的龙海。

　　纳尔逊先生估计他发现了大约两万件石器，其中最好的一些带回了美国自然历史博物馆。有些石器是琢制的，有些是打剥成的，有些是磨制的，有些是经过琢、磨或打、磨而成的。有一件大约十英寸长的磨制的石斧，半腰周围制有凹槽适应于装柄。还有一定数量的磨制石斧和

---

① 　［美］葛维汉："Notes on Stone Implements in China"，秦学圣译，原文刊《华西边疆研究学会杂志》第十二卷，1940年。

石凿，一种石矛的残片和一件石璧或石环。另有一些石网坠，其中某些是晚近的产物。有许多石片工具的残片、石核工具和石片工具。在古老背，他采集到手制和轮制的陶器，有印纹的，有彩绘的，彩陶是红色和黑色。有些石器是用天然的石头磨成锋刃，未经其他加工过程。有些石斧是在一面进行打击或打剥，有些周围都经过这样的加工，有些则经过打击或打剥然后再磨制。纳尔逊先生声称某些采集品赠给了燕京大学，某些赠给了菲尔得自然历史博物馆（后改名为芝加哥自然历史博物馆——译者注）。另外大约有一千件在美国自然历史博物馆。

纳尔逊先生在蒙古采集的石器比在扬子江流域采集的更多。他估计在蒙古曾见到20万件石器。1938年另外一位采集者到那个地区为美国自然历史博物馆采集了三万件石器。纳尔逊先生在内蒙古和外蒙古都进行过采集。石器的大多数发现于地表、沙丘之下、沙丘的边缘或沙丘之间的谷中。有一些石片工具风化得严重，以至于可能被认为是旧石器。有磨制或磨光的石器和另外一些仅仅是经过打剥、打击或琢击而成的。在有些地方发现石器伴有陶片，其他地方则未发现陶片。另外一些在西伯利亚为美国自然历史博物馆进行采集的人得到了一些精致的燧石工具，有些是磨制的。有些仅经打剥、打击或啄击而成。

纳尔逊先生在扬子江流域调查的经过发表在美国自然历史博物馆的刊物《自然史》上，他总结说：

"调查的结果表明，与已久的期望相反，关于旧石器时代人类活动的迹象，是绝对否定的，而且新石器时代人类活动的迹象，我们在岩洞所得的不过是一些可疑的线索而已。"

在发现北京猿人化石的周口店山洞里的地层中也发现了很多旧石器。1936年的秋天主持那里发掘的裴文中先生给作者看了一些早期的旧石器，并称在一处大约有一立方英尺的堆积里就发现了一百多件旧石器。众所周知在周口店山顶洞出现的石器伴随着比较进步的形态的人骨。在河套的水洞沟黄土层底部发现的旧石器伴随着很多被认为是食后抛弃的兽骨。在河套地区的萨拉乌苏河的黄土下层中也发现了旧石器。

在香港附近舶礁洲上发现的旧石器时代类型的石器则被认为与欧洲阿斯脱利安文化（西班牙Asturias地方出土的一种中石器时代或早期新石器时代文化——译者注）相似，伴随其出土的陶器则是公元前500年的产物。具有这样性质的石器称为"后中石器"（Epimiolith）意在表明一种文化类型延续至其以后的时代仍然存在。

已故的叶长青在华西一带曾采集到一些精致的经过磨制的石器和许多经过打击或打剥而成的石器。这些石器的大多数，但不是全部，是在地表发现的，保存在华西大学博物馆。尽管石锈可能有所帮助，可是这些石器的时代和他们的文化关系在目前仍不敢判定，只有处于地层原位的标本今后经过科学发掘才能确定其时代。叶长青先生和作者所采集的石器中有些大概是自然的产物，另外一些则是真正的石器，但都保存着以期将来像纳尔逊先生那样的专家们所进行的考古调查和发掘能够使人们对于中亚和华西人类的早期文化史有更多的了解。

译文原载四川省文物管理委员会编印《四川石器时代译文资料》，1983年

开展云、贵、川
古人类和旧石器时代考古工作新局面

　　中华人民共和国成立以前的数十年间,外国人在云、贵、川地区进行过一些关于石器时代的调查,采集了大量石器;在四川采集的最多,保存在纽约美国自然历史博物馆内的就有一两万件。这些石器多采自地表,未经科学发掘,无准确的地层关系,虽也发现有少量打制石器,但磨制石器占绝大多数,认为四川的石器能早到中石器时代,忽视了云、贵、川地区存在过旧石器时代的人类及其文化遗物。

　　中华人民共和国成立以后,在三省范围内旧石器时代的人类化石和石器屡有发现,近十年来不但发掘出了古猿和古人类的化石,而且还发现了大量的石器和骨器。贵州穿洞等遗址的骨器,数量之多,类型之繁,居世界首位。这些古猿化石、人类化石、动物化石以及大量石器和骨器等,是研究人类起源、发展及其社会、文化生活和自然环境的极其宝贵的科学资料。之所以能够取得这么大的成绩,除了领导重视,有关方面专家的指导和帮助外,与三省致力于古人类、旧石器时代考古专业人员的努力是分不开的。

　　云南、贵州的同志们已经做了大量的工作,取得了不少宝贵的经验和成果;我们四川也要力争在短期内有较大突破。这次三省的古人类和旧石器时代考古工作经验交流座谈会在成都召开，非常及时，对四川的古人类和旧石器时代考古工作将会起到很大的促进作用。

我参加这次会议感到非常兴奋和愉快。听了大家的发言，使我受到了启发、教育和鼓舞。就我个人而言，关于这方面的学习很差，具体工作做得更少，没有什么经验足资交流，更说不上研究成果，只能谈点粗浅的体会。

有学者认为人类起源于东非，也有起源于南亚之说，颇有争议，尚无定论。云南腊玛古猿的发现，引起了学术界极大的轰动。腊玛古猿是否为人类的直接祖先？这个多年来时断时续的讨论，又掀起了一次新的高潮。果真是人类的直接祖先，那么人类起源于南亚说就可能成立，于是云、贵、川三省则同属人类发源地。人类到底起源于一个区域还是几个区域，也是一个值得探讨的问题。

无论如何，云、贵、川三省都有旧石器时代的人类活动已经毫无疑问。云南的元谋人距今一百七十万年，贵州的观音洞文化相当于距今五六十万年的北京人文化，四川的资阳人距今两三万年；并不是说四川和贵州在一百七十万年或更早以前没有人类活动，但有待我们努力去发现。正如同志们介绍的经验，调查就可找到线索，发掘总是会有收获的。

云南、贵州在石灰岩溶洞里发现了大量旧石器时代人类化石和文化遗物；四川的河流阶地里出现了不少旧石器和少量人类化石，但在溶洞内发现的较少，主要是缺乏专业人员认真地去探洞调查和发掘。我们今后一定要学习云南、贵州同志们"腿勤、口勤"的精神，多做洞穴调查，相信一定会发现更古的人类及其遗物，甚至可能发现古猿化石。

云、贵、川地广一百多万平方千米，人口将达两亿，而从事古人类和旧石器时代考古的专业人员三省总共不过十来个人，队伍之小，令人惊讶！

怎样在云、贵、川古人类和旧石器时代考古工作方面开展新局面，同志们发表了不少宝贵的意见并展开了热烈的讨论，兹试归纳略述如下。

一、重要意义。人类从起源而发展到现在经历了大约四百万年。新石器时代距今约五千年至一万年。旧石器时代占了人类全部历史的百分之九十九点多，其分量可想而知。人们无不关心自己的来历，总想知道自己的祖先怎样从猿人演变、分化成为现代的各个人种和民族；乐于了解几十万年前乃至几百万年前的人群是如何生活的，处于什么样的社会文化状况；从而可以理解达到现代社会、文化水平的来龙去脉，有助于进行历史唯物主义、社会主义和爱国主义教育。

二、领导重视。经常向有关领导同志汇报工作和收获，并向他们宣传所做工作和收获的意义。领导重视了，就会从人力、物力、财力以及精神方面给予支持和鼓励，有利于事业的蓬勃发展；否则"开展新局面"只能流于空谈。

三、培养人才。古人类和旧石器时代考古工作专业性强，所涉知识面广，从事这方面工作的专业人员来之不易；除了采取措施提高现有专业人员的科学水平外，还急需增加人员，扩充专业队伍；把大学有关专业的毕业生招来，通过理论知识和野外实践的培养，一两年就可能胜任一定的工作。

四、三省协作。在三省的有关专业人员少得惊人的情况下，一个省内较大规模的调查和发掘，可以邀请其他两省的专业人员参加。这次经验交流会是一个良好的开端，今后还需不断地加强三省间的协作关系。

五、争取外援。遇有重大发现和发掘，除三省协作外，还须积极争取主动邀请其他省、区的有关先进单位进行协作和帮助，并在富有经验的专家指导下开展工作。

六、持续调查。只有持续调查才能不断地得到线索；有了重要线索，就可以认真、仔细地按照科学的方法进行发掘，通过发掘就可能有重大发现。

七、深入研究。经过科学的发掘，有了重大发现，写篇报告或简报，描述一下器物的大小和形制，或提供一件人骨化石的一系列测量数据和形态描述，然后作一小结，提出几点初步推论，这本来是基本的和必要的工作；但还需在此基础上进行深入的研究，把发现的器物、人类化石、动物化石等与社会生活和生态环境结合起来，查明它们之间的相互作用和相互制约，提到理论的高度认识问题和解决问题。当然，要做到这种程度，需要一定的理论知识。有了理论知识，才能深入研究，要进行深入的研究，必须不断提高理论水平。

八、慎重对比。研究一个问题，首先要尽可能地掌握国内外有关的资料（文字、图片和数据等）和有关的实物标本或复制品等与所研究的实物标本客观地、慎重地进行合理的对比，尽量防止钻牛角尖——把个体间的微小差异当成类型或种属间的差异。

九、确立规范。古人类研究中对人骨化石的描述和测量基本上有国际通用的规范可循；近年来在旧石器时代研究方面，国际上也出现了名称规范化的倾向。我国的旧石器时代考古界尚未确立"约定俗成"的规范，因而同是一个名称，各人在使用时其含义不见得一致。有的人在某一地点地面上拾到几件石器或人类化石，就把这个地点称为"遗址"，有的人则认为不能称为"遗址"；发现了旧石器有人称"石工具"，有人称"石器"，究竟什么情况下某些石器可以称为"工具"，尚无明确的规定。这样各人的研究文章，在用词方面可能互相对不上口径。这是名称没有规范化必然会造成的结果。我国旧石器时代考古学界似乎也可以召开一次会议，讨论一下石器时代考古研究中名称规范化的问题，比照国际上通用的习惯，确立我国的规范，这样既利于国内学术交流，也利于国际学术交流。

十、交流成果。我国可供古人类、旧石器时代考古研究成果发表的"阵地"本来不多；云、贵、川三省基本上没有这类公开发行的专门刊物；势必有不少成果得不到发表，失去同国内和国外交流的机会。三省的成果同外界交流，不仅对三省的研究工作有促进和提高作用，还能丰富全国乃至全世界古人类和旧石器时代考古研究的内容。因此，建议有条件时，三省可考虑办一个刊物，专门发表古人类和旧石器时代考古研究成果，以便同外界进行充分的学术交流。

以上体会和所归纳的意见很不成熟，也不全面，错误和不妥之处，敬请指正。

原载《云贵川古人类旧石器时代考古经验交流会文集》（内部资料），1984年

人类学研究

关于资阳人的年龄和性别问题

『僰人悬棺』人骨初窥

『僰人』的几个体质特征与傣族和川苗的比较

『僰人』十具骨架的观察与测量

荆竹坝M18号崖棺两具尸骨的鉴定

关于资阳人的年龄和性别问题

一

自从1951年四川资阳人类头骨化石发现以来，科学家先后对于这个资阳人的年龄和性别提出了不同的看法。裴文中先生[1]曾推断其可能是一个十几岁的女孩；吴汝康、贾兰坡先生[2]曾以为其可能是一个十四五岁的男孩；冯汉骥先生[3]曾推测其至少是一个成年的女子。

1957年科学出版社出版的，由裴文中、吴汝康著的《资阳人》（中国科学院古脊椎动物研究所甲种专刊第1号）中，吴汝康先生在《四川资阳人类头骨化石的研究》一文中，比较详细地介绍了资阳人头骨的测量和观察的结果，在确定资阳人的年龄和性别方面作了一些分析。

吴汝康先生指出："判断一个头骨的年龄，主要是根据两方面的资料，就是头骨骨缝愈合的情形和牙齿出长和磨蚀的情形。资阳人头盖

① 裴文中：《四川资阳黄鳝溪人类及其他哺乳动物化石发掘简报》，《科学通报》1952年第3卷第10期，第709—713页。
② 吴汝康、贾兰坡：《中国发现的各种人类化石及其在人类进化上的意义》，《科学通报》1955年1月号，第23—29页。
③ 冯汉骥：《关于资阳人的几个问题》，手稿，1955年。

骨外面的骨缝，虽然全部都很明显，但结合紧密，且在冠状缝中部偏左处已稍有愈合的痕迹。在现代人中头骨外面的骨缝一般都20岁以上才开始愈合。但根据对于现代人骨缝愈合的研究结果，较小的头骨，骨缝愈合较早，古代的人类骨缝愈合的年龄也较现代人为早，而且头骨外面骨缝愈合的情形，个体的变异极大，难以根据而判定比较近似的头骨年龄。而头骨内面骨缝愈合的情形，则较有规律，用以作为判断年龄的根据，较头骨外面骨缝的愈合为可靠。因而我们清理了头骨的内面，进行了骨缝的观察，出乎意料之外的是发现头骨内面的骨缝几已全部愈合，这种情形在现代人中一般都在50岁以上。"（第14页）

"资阳人上颌的牙齿，除左侧第二前臼齿还残留一断根外，其余的牙齿已全部遗失，左侧的三个臼齿的齿槽骨破坏很严重……由此可以推知此人生前在左侧三个臼齿处曾患过慢性局限性的骨髓炎或慢性牙槽脓肿，三个臼齿在死前已全部脱落，而且上颌窦底有被炎症破坏的痕迹，可能炎症已蔓延入左上颌窦。"（第15页）

"从资阳人上颌骨生前患有需要经过相当长久的年代发展而成的严重牙病，从残断的第二前臼齿齿根管的细小以及上颌窦的宽大，都表示它是属于中年以上的人，与头盖骨的情形一致。因此可以确定资阳人是中年以上的人，从头骨内面的骨缝看来，可能已在50岁以上。"

"资阳人性别的确定与年龄有着密切关系。如果资阳人是中年以上的个体，则以头骨的细小，头骨表面的平滑圆润，额部的较为丰满等表示女性的特征较为合理，而显著的眉嵴和粗大的乳突等则可看作原始性质。"（第15—16页）

"根据以上的论述，我们确定资阳人是中年以上的女性个体。"（第16页）

以上的论述使我在学习关于资阳人的年龄和性别问题上受到不少启发，但由于我在古人类学方面的知识欠缺，对该书的理解不可能深透，所以仍存在没有得到完全解决的疑问，爰笔记之以便请教。

二

就判断头骨的年龄而论，诚如吴汝康先生所言，一般都以"头骨骨缝愈合的情况和牙齿出长和磨蚀的情况"作为根据。

近百年来科学家对于人类头骨骨缝愈合的进程进行过不少研究，感觉人类头骨骨缝愈合的情况复杂，往往有各种差异（种族间的、个体间的和性别间的），对于某些研究结果没有一致的意见，在用以推断年龄时多持保留态度。从托特（T. W. Todd）和莱翁（Jr. D. W. Lyon）在1924—1925年间相继发表了对白种人和美洲黑人（混血的）已知年龄的数百具头骨内外两面骨缝愈合情况研究的四篇报告以后，许多人类学家根据其某些研究结果（例如吴汝康先生在《资阳人》一书中所述及的）来推断人类头骨骨缝（尤其是头骨内面的骨缝）愈合进行的情况和年龄的关系。托特和莱翁所研究的结果也不是没有问题的。他们认为白种人和美洲黑人（混血的）头骨骨缝愈合进行的情况没有重要差异，从而推论人类头骨骨缝愈合进行的情况有一种不受种族差别影响的共通趋势或格律。但同时又发现，美洲黑人（混血的）头骨骨缝某些细致部分的愈合进程（与白种人的这种状况相比）个体间的差异很大[1][2]。实际上这一现象本身也可以说就是一种种族间的差异。阿什莱-芒塔古（M. F. Ashley-Montagu）[3]鉴于从人类头骨骨缝愈合情况的研究中所得到的某些结果大部取材于白种人的头骨，而科学家对于其他种族头骨骨缝愈合情况的研究则很少，认为已有的一些从人类头骨骨缝愈合情况判断年

---

① T. W. Todd and Jr. D. W. Lyon : "Cranial Suture Closure. Its Progress and Age Relationship. Part Ⅲ. Endocranial Closure in Adult Males of Negro Stock", *Am. J. Phys. Anthrop .8*，1925，pp.47—71.

② T. W. Todd and Jr. D. W. Lyon : "Suture Closure. Its Progress and Age Relationship. Part Ⅳ. Ectocranial Closure in Adult Males of Negro Stock", *Am. J. Phys. Anthrop .8*，1925，pp.149—168.

③ M. F. Ashley-Montagu : "Aging of the Skull", *Am. J. Phys. Anthrop. 23*，1938，pp. 355—375.

龄的标准尚有待进一步的研究和考验。甚至托特和莱翁[1]也承认单独凭头骨骨缝愈合的情况来判断年龄是不够可靠的，尤其在判断个别（唯一的标本）头骨的年龄时，更有困难，往往有6年乃至10年左右的差误。资阳人表现在头骨骨缝愈合情况的种族特征如何，由于我们只有这个唯一的标本，现在还不能确定，而这个头骨"内面骨缝的愈合远比外面较早"并且这个"资阳人头骨外面骨缝愈合的顺序也与现代人不同"（第16页），说明了资阳人头骨骨缝愈合情况的某些复杂性质。因此在判断这个头骨的年龄时，也需要保留6—10年左右差误的余地。

人类头骨内面各骨缝完全愈合一般都在50乃至60岁左右，吴汝康先生所述资阳人头骨内面骨缝"几已完全愈合"，似乎还意味着某些骨缝尚有一点裂痕可察，虽然吴先生没有具体指出究竟哪些骨缝还没有完全愈合以及各骨缝已经愈合的具体程度，但仍然可以推想资阳人的年龄可能还不及60岁。假如资阳人头骨内面骨缝开始愈合的时期和愈合的进度与现代人相当，那么吴先生判断资阳人的年龄可能在50岁以上也还比较可信。

然而资阳人种的头骨各骨缝愈合进程的一般规律我们尚不得而知，但根据吴汝康先生所说：较小的头骨骨缝愈合较早，古代人类骨缝愈合的年龄较现代人为早，以及资阳人头骨内面骨缝愈合远早于外面的情况看来，可能资阳人头骨的骨缝开始愈合的时期比现代人为早，其愈合进度也可能比现代人为速，其早和速的程度也可能在6—10年左右，因而资阳人的年龄又可能在50岁以下。

人类牙齿的出长情况也很复杂，古代人与现代人之间，种族之间，尤其是个体之间往往也有差异，其磨蚀情况也因食物种类和牙齿本身硬度的区别而有所不同，因此从人类牙齿的出长和磨蚀情况来推断年龄，也要容许数年的差误。根据吴汝康先生的观察和叙述，资阳人上颌

---

①   T. W. Todd and Jr D. W. Lyon: "Endocranial Suture Closure. Its Progress and Age Relationship. Part I. Adult Males of White Stock", *Am. J. Phys. Anthrop. 7*, 1924, pp.325—384.

第三臼齿已经长出，而这三个臼齿在死前已全部脱落，可以想象这个人死于左上第三臼齿长出（17—25岁）以后，又根据左侧第三臼齿处所患的需要经过相当长久时间发展而成的牙病情况来判断，这个人死的时间大致不会早于中年时期（36—55岁）。

由于从人类头骨的某些特征推断年龄只能得出大体相近的估算，不容易得到一个绝对的答案，所以胡顿（E. A. Hooton）[1]在判断一个成年头骨的年龄时，只谨慎地指出它是属于青年（young adult 21—35）、中年（middle aged adult 36—55）、老年（old adult 56—75）或暮年（very old adult 75—x）。尽管人类学家们对于年龄阶段的划分不尽完全相同，但各人对于如中年、老年等年龄的范畴都应有一定的界限。而吴汝康先生说资阳人在"中年以上"，没有具体指出是否进入了老年的阶段，使人不易明白这个资阳人究竟是一个属于中年范围的人还是一个属于老年范围的人。不过吴先生在《资阳人》一书中以及在1958年发表于美国杂志上的关于资阳人的一篇研究报告[2]中把"中年以上"以英文写为"over middle age"，表明资阳人是超过了中年，而意味着已进入了老年阶段，同时又说它可能在50岁以上，使人感觉吴先生所说中年和老年的界限有些含混而难于对资阳人的年龄有一个较为稳定的概念。如果胡顿对于成年头骨年龄所划定的青年、中年、老年等年龄的范畴可以接受，并且这个资阳人的年龄可能在50岁以下的假定可以成立，那么也可以说这个资阳人头骨是属于一个中年（36—55岁）或四五十岁的人。

三

吴汝康先生鉴于这个资阳人头骨的形体细小，表面平滑，额部较为丰满，因而推断它属于一个"女性个体"。

---

① E. A. Hooton: *Up From the Ape*. Mac Millan Co. New York，1947.

② 冯汉骥：《关于资阳人的几个问题》，手稿，1955年。

从头骨的特征判断性别在白种人中间显然容易，在黄种人或黑种人中间有时则比较困难。这种情况在鉴别已经表现了种族分化的旧石器时代末期人类的性别时，似乎也不能不加以考虑。就一个种族内的不同个体而言，一般以头骨的细小平滑和额部的丰满表示女性的特征。但是有细小平滑和额部丰满的男性头骨，也有粗大和额部较为低斜的女性头骨。凭仅有的一个头骨形体的大小、表面的光涩和额部的丰满或欠丰满来确定性别是不太可靠的。

头骨形体的大小不是据以辨识性别的决定性因素。在正常的情况下，"颅骨的大小是与身体的大小成正比例的。身体高大者头骨大，身体矮小者头骨小"[1]。有身体高大的女人也有身体矮小的男人。体高是种族特征之一，在不完全明了资阳人种的一般特征尤其是男女平均体高的情况下，尚难根据头骨的大小（与现代人比较）对性别作出可靠的判断。

一般男性头骨的表面比较粗涩，女性的则比较平滑，但在各种族中都可能找到平滑的男性头骨和较为粗涩的女性头骨。人类学家有时会把细致平滑的男性头骨误认为女性，把较为粗涩的女性头骨误认为男性。因此把这个资阳人头骨的表面平滑作为确定其为女性的重要依据是不太可靠的。何况这个资阳人头骨化石是在一个河岸上含沙和小砾石的冲积地层中发现的（第1—6页），"看情况也是从上游漂流至此的"[2]，可以设想这个头骨的表面曾经经过河流的冲刷，有可能比原本更为光滑一点。以资阳人头骨的表面平滑来断定其为女性的可靠程度，是否还可因此而再打一个折扣？！

以额部的丰满作为表示女性的特征，似乎也不十分可靠。一般说来，成年女性的头骨确多具有较为丰满的额部，但如就个体从遗传中或从内分泌的病变中所可能取得的差异看来，这种情况似不能一概而论。白种人中间有额部较为丰满的男人，尤其黄种人和黑种人中间额部较为

---

①　冯汉骥：《关于资阳人的几个问题》，手稿，1955年。

②　冯汉骥：《关于资阳人的几个问题》，手稿，1955年。

丰满的男人是经常可以见到的。一般体积较小的头骨（包括小孩、妇女和某些男人的头骨）额部丰满者较多。分布在非洲刚果森林区和南洋群岛上的所谓幼儿型（infantile type）的皮哥梅人（Pygmies），是世界上现存最矮小的人种，其平均体高在154厘米，他们与体高相适应的较小体积的头骨似乎也不因性别和年龄的差异而多具有较为丰满的额部。好像头骨体积的大小在影响头骨的形态方面有着一定的关系。成年女性头骨的额部往往表现较为丰满，是否由于头骨体积较小而引起的某种机能作用的结果，现在虽然还不敢肯定，但据豪威尔（W. W. Howells）[1]对于头骨形态的研究似亦未能否定额部丰满与头骨其他部分的某些可能的相关。这至少表明额部丰满的原因尚有待进一步的研究。因此，在仅有一个资阳人头骨标本的条件下，很难说它的较为丰满的额部是资阳人种的女性特征之一，也不易肯定这个个别的资阳人是女性。它也可能是一个具有较为丰满的额部的男人。

显著的眉嵴和粗大的乳突是男性头骨的一般特征。吴汝康、贾兰坡先生[2]也曾以此判断资阳人头骨属于一个男性。而吴汝康先生在《资阳人》一书中乃至在以后的一篇著作[3]中却未加详细解释而骤然地把他（与贾兰坡先生）原来用以表示男性的资阳人头骨的显著的眉嵴和粗大的乳突视作与性别无关的"原始性质"，这就牵涉了更多的问题。

人类发达的眉嵴本来就具有原始的性质，而且男性所表现的程度比女性更为显著。这种原始的特征随着人类的进化而逐渐衰退。类人猿（褐猿除外）的眉嵴比猿人的较为发达；猿人的眉嵴比尼人的较为发达；尼人的眉嵴比真人的较为发达。资阳人眉嵴发达的程度并不比克奴

---

① W. W. Howells: "The Cranial Vault: Factors of Size and Shape", *Am. J. Phys. Anthrop. 15（1）*，1957，pp.19—48.

② 吴汝康、贾兰坡：《中国发现的各种人类化石及其在人类进化上的意义》，《科学通报》1955年1月号，第23—29页。

③ Ju-kang Woo: "Tzeyang Paleolithic Man—Earliest Representative of Modern Man in China"，*Am. J. Phys. Anthrop. 16*，1958，pp.459—471.

马农人或山顶洞人的眉嵴更为突出，甚至还可能稍逊一点；并且旧石器时代的人类中也有眉嵴不甚显著的头骨。由此看来，资阳人的眉嵴发达的程度，并没有超出旧石器时代真人的一般范围。冯汉骥先生[①]认为资阳人的眉嵴"平顺而不甚突出"；裴文中先生[②]甚至未把它可能作为男性的特征而加以考虑。可见资阳人眉嵴发达的程度并不是异乎寻常的。也许正因为如此，吴汝康、贾兰坡先生[③]曾经很自然地会把它看作是一个男性头骨的一般表征。

由于人类的眉嵴随着进化而逐渐衰退，而且男性的眉嵴总是比女性的较为显著，所以柯鲁伯（A. L. Kroeber）[④][⑤]宁视眉嵴为"第二性征"，且以较为显著的眉嵴作为男性的特征，而不愿把它看作是与性别无关的原始性质。至于现代世界上被认为具有原始性质的澳洲土人的眉嵴确实是发达得异乎寻常的，甚至女人的眉嵴比一般欧洲白种人中具有发达眉嵴的男人还要发达。但是他们中间男人的眉嵴也还是比女人的更为发达，仍然没有脱离"性征"的轨道。如果资阳人中女性的眉嵴发达，根据一般的现象，男性的眉嵴当更为发达。可惜目前只凭一个孤立的标本，无法在这一点上作出区分，更无法就资阳人种和某一现代人种眉嵴发达的一般现象进行比较研究。虽然吴汝康先生认为资阳人的"眉嵴远比现代同样年龄和性别的人为显著"（第16—17页），但现代人中男性的眉嵴往往也有比同样年龄女性的眉嵴远为显著的，所以还很难说比现代同样年龄女性的眉嵴远为显著的资阳人的眉嵴不能表明这个资阳人是男性，又怎能说资阳人显著的眉嵴就是一种与性别无关的原始性

① 冯汉骥：《关于资阳人的几个问题》，手稿，1955年。

② 裴文中：《四川资阳黄鳝溪人类及其他哺乳动物化石发掘简报》，《科学通报》1952年第3卷第10期，第709—713页。

③ 吴汝康、贾兰坡：《中国发现的各种人类化石及其在人类进化上的意义》，《科学通报》1955年1月号，第23—29页。

④ A. L. Kroeber：*Anthropology*. Harcourt，Brace and Co. New York，1923.

⑤ A. L. Kroeber：*Anthropology*（New edition，Revised）. Harcourt，Brace and Co. New York，1948.

质？

原始人发达的眉嵴与低斜的额部是相伴随的。澳洲土人特别发达的眉嵴与其低斜的额部也是相联系的，显示了旧石器时代早期人类的原始性质。如果说资阳人显著的眉嵴是一种像澳洲土人眉嵴所表示的那样的原始性质，为什么资阳人的额部不但不低斜反而较为丰满呢？

男性眉嵴的显著和乳突的发达也是相伴随的。有显著眉嵴的人往往有粗大的乳突，而且显著的眉嵴和粗大的乳突又与比较发达的颞肌、颈肌、咬肌和较为粗大的下颌骨有着一定的连带关系。资阳人既有显著的眉嵴和粗大的乳突，又有比较发达的颞肌和比较发达的颈后部肌肉（第19—21页），推测他的咬肌也是比较发达的。一般说来咬肌与下颌骨的发达情况有一定的相关[1]。有发达咬肌的人往往有较为发达的下颌骨（尤其是下颌枝）。腭骨与下颌骨也有相应的关系。根据资阳人硬腭的骨部宽大（第26页），以及其可能具有的较为发达的咬肌的情况，推想这个资阳人的下颌骨是比较粗大的，而比较粗大的下颌骨又是男性头骨所具有的特征，正好说明这个资阳人可能是一个男性，无从得出他的显著的眉嵴和粗大的乳突是与性别无关的原始性质的结论。

虽然眉嵴发达的程度在古代和现代各人种中分布的情况比较复杂，但男性的眉嵴比女性的较为显著则相一致，加以显著的眉嵴和粗大的乳突有连带关系，所以人类学家多以显著的眉嵴和粗大的乳突作为表示男性的较为稳定而重要的特征。吴汝康先生把资阳人所具有的显著的眉嵴和粗大的乳突这种男性的特征视作与性别无关的原始性质，而以资阳人头骨的体积细小、表面平滑和额部的较为丰满等因素来推测它属于一个"女性个体"，不能不令人产生疑问。

原载《古脊椎动物学报》1962年第1期

---

[1]　J. H. Scott : "Muscle Growth and Function in Relation to Skeletal Morphology", *Am. J Phys. Anthrop. 15（2）*, 1957, pp.197—234.

"僰人悬棺"人骨初窥

　　四川珙县一带的"僰人悬棺"历来为国内外学者所注意。但所谓僰人究属哪个民族，由于缺乏考古学和人类学资料，多根据文献记载加以推论，各说不尽相同。1974年夏四川省博物馆派考古人员在珙县洛表区麻塘坝的邓家岩和白马洞两处共取下悬棺十具（每棺一具人骨架），运回博物馆。其随葬品已由丁祖春进行研究，初步定为明代[①]；人骨架交笔者整理。从邓家岩取下悬棺七具，编号为TM1，TM2，TM3，TM4，TM5，TM6，TM7；白马洞三具为BM1，BM2，BM3；骨架编号与各棺编号一致。

　　十具人骨架都保存较好。长骨、盆骨齐全；有四具缺下颌骨；手、足骨多有缺失；胸骨、肋骨和椎骨等亦有不全者。

　　对这批人骨观察和测量的较系统资料当另行报道。本文仅概略地提出几个主要特征供讨论和研究参考。

[①]　四川省博物馆、珙县文化馆：《四川珙县洛表公社十具"僰人"悬棺清理简报》，《文物》1980年第6期。

一、"打牙"

在最初清理时，发现颅骨都缺上下切牙，经仔细检查，在一具（TM5）骨堆中找到牙齿碎片，拼合复原后，乃其上颌两个中切牙。有六具颅骨，上颌两侧切牙的牙槽骨质吸收充分，牙槽窝已填平，形成中切牙与尖牙之间的宽四至八毫米的间隔，说明死前这两个牙齿早已脱落。这种有规律的现象与大汶口新石器时代"拔牙"颅骨所显示的情况[1]十分相似。可以推断"僰人"有"打"掉或"拔"掉上颌两侧切牙的风习。其他缺切牙的牙槽缘骨质吸收不明显，牙槽窝亦无填平迹象，说明这些切牙的缺失可能是死后由于栖居棺内的小鸟（已发现以颅腔为巢）或其他小动物扰乱和搬移所致。打牙者有男有女，年龄都在二十岁以上，这或许与婚姻习俗有关。"打"掉上颌两个侧切牙与文献所载关于仡佬或僚或土僚"打牙"的情况很相近。

二、身高、颅型和鼻型

"僰人"骨架性别的鉴定主要根据盆骨和骨盆的状况。根据牙齿萌出和磨耗情况、四肢骨骺和颅骨诸缝的愈合情况并结合其他情况对年龄作了推断。身高系采用脱特和格勒塞的适用于蒙古人种的标准误差最小的公式[2]计算而得。根据对颅骨测量所得的数据算出颅指数和鼻指数。具体资料表列如下：

---

① 颜訚：《大汶口新石器时代人骨的研究报告》，《考古学报》1972年第1期。

② M.Trotter and G.C.Gleser：
"A Re-Reeualuation of Estimation of Stature Based on Measurements of Stature Taken During Life and of Long Bones after Death"，*Am.J.of Physical Anthropology*，n.s.Vol.16，no.1，1958.

骨架号	性别	年龄（岁）	身高（厘米）	颅指数	鼻指数	打牙
TM1	男	17—18	—	72.5	45.1	未
TM2	男	35—40	166.6	75.7	42.3	已
TM3	女	22—24	160.2	77.3	55.1	已
TM4	男	40—45	168.1	70.5	44.2	已
TM5	女	35—40	158.0	74.7	57.4	已
TM6	男	56—×	161.5	78.8	50.0	已
TM7	男	19—20	—	77.0	48.9	未
BM1	女	5—6	—	79.6	54.5	未
BM2	女	21—23	157.5	77.8	59.5	已
BM3	男	35—40	158.2	79.4	53.3	未

TM1、TM7和BM1由于肢骨的骨骺未愈合或未完全愈合，身高未予计算。几个男性的身高平均为163.6厘米，女性平均为158.6厘米。按分级标准，158.0—167.9厘米为中等高度，大于此数者为高（168.0—172.0）或很高（172.0以上），小于此数者为矮（148.0—157.9）或很矮（小于148.0）。他们的身高，男、女平均都在中等高度范围之内；其男性的颅指数平均为76.7，女性平均为77.4，统属中颅型（75—79.9）；其男性鼻指数平均为47.3，属中鼻型（47—50.9）接近于狭鼻型（47以下），女性鼻指数平均为56.6，属阔鼻型（51—57.9）。

三、族属问题

葛维汉曾推侧"僰人"可能是白种人或属于云南的傣族[1]但后来又否定此说[2]。郑德坤也曾认为"僰人"属于云南的傣族[3]。

"僰人"的身高、颅型和鼻型显然属于蒙古人种的范畴。TM5的上

---

[1] D.C.Graham：《Ancient White Men's Graves》，*Journal of the West China Border Research Society*，Vol.V，1932.

[2] D.C.Graham：《The 'White Men's Graves' of Southern Szechwan》，*Journal of the West China Border Research Society*，Vol.Ⅶ，1935.

[3] 郑德坤：《僰人考》，《说文月刊》1944年第四卷合订本。

颌中切牙呈铲形；"僰人"的第三臼齿大于第二臼齿小于第一臼齿；
TM4下颌骨有下颌圆枕；可以补充说明"僰人"是黄种人而不是白种
人。

就身高、颅型和鼻型在人口中的分布而言，"僰人"与傣族人显
然不同。据张印堂在云南傣族中所作活体测量的资料①，二十三个男性
中属中等高度者八人，属矮小型者十五人；十五个女性中属矮小型者有
九人，很矮型（或称侏儒型）者六人。二十三个男性中有十个为中头
型，十个圆头型，一个超圆头型，二个长头型；十五个女性中有六个为
中头型，八个圆头型，一个长头型。二十三个男性中有十五个为中鼻
型，八个阔鼻型；十五个女性中有七个中鼻型，八个阔鼻型。从这些体
质型态特征看来，很难说明"僰人"与傣族有族属关系。

鲍克兰对贵州安顺、普定诸县的佬族及其历史作过考察。据称
仡佬族中一支称为"打牙仡佬"的"打牙"风习在一百多年前还在流
行②。关于"僰人"的"打牙"风习，于1974年笔者观察"僰人"颅骨
时也得到了具体证据。研究者根据文献考证多趋于认为"僰人"与贵州
的仡佬有密切关系，而且认为"僚"即仡佬，说"僰"为"僚"者不
少。沈仲常通过对"僰人"悬棺附近岩画的研究，也认定"僰人"属于
"僚"族③。"僰"为"僚"之说似乎由于"僰人"颅骨所显示的"打
牙"迹象而得到了加强。更多的"僰人"骨骼标本，更多的人类学资料
和进一步在体质型态方面的比较研究或许有助于"僰人"族属问题的最
终解决。

原载《民族论丛》第一辑《悬棺葬研究专集》，1981年

---

① Y. T. Chang："Anthropological Features of the Shans and Their Geographical Environment in Sonth—West Yunnan"，*Man*，Vol.XLIV，Nos.53—70，1944.

② I. de Beauclair："The Keh Lao of Kweichow and Their History According to the Chinese Records"，*Studia Serica*，Vol.V，1946.

③ 沈仲常：《"僰人悬棺"岩画中所见的铜鼓》，载本刊。

"僰人"的几个体质特征与傣族和川苗的比较

1974年四川省博物馆的考古工作者从珙县洛表区麻塘坝的邓家岩和白马洞两处取回"僰人悬棺"十具（每棺一具尸骨，编号与棺号同）引起了学术界的重视。除拍摄了一部影片外，许多学者还发表了不少论文，"僰人"的族属问题成了讨论的中心。笔者也曾写过一文试图从体质人类学方面为考古学家们提供一点关于"僰人"族属的线索[①]。之后，我们对这十具人骨架进行了较全面的观察和测量，并写了报告（见本辑《"僰人"十具骨架的观察与测量》）。对发现的一些问题将陆续研究发表。本文仅就"僰人"的几个体质特征与傣族和川苗（族）加以比较。

张印堂曾对云南的傣族进行过活体测量[②]，提供了身高、头型和鼻型三个项目的资料。

傣族身高：23个成年男性中属中等高度者8人，矮小者15人；15个成年女性中属矮小者9人，很矮者6人。

① 秦学圣：《"僰人悬棺"人骨初窥》，《民族论丛》第一辑《悬棺葬讨论专集》，四川省民族研究所、四川省民族研究学会编印，1981年。

② Y. T. Chang："Anthropological Features of the Shans and Their Geographical Environment in South—West Yunnan"，*MAN*，Vol. YLLV，Nos.53—70，1944，pp. 61—68.

傣族头型：23个男性中属长头型者2人，中头型者10人，圆头型者10人，超圆头型者1人；15个女性中等长头型者1人，中头型者6人，圆头型者8人。

傣族鼻型：23个男性中属中鼻型者15人，阔鼻型者8人；15个女性中属中鼻型者7人，阔鼻型者8人。

摩尔斯曾对四川珙县一带历史上曾与"僰人"邻居的川苗（族）进行过活体测量[①]。除已提供有身高的数据外，我们还根据他的原始资料算出了头长宽指数和鼻高宽指数从而得出头型和鼻型。

川苗身高：39个成年男性中属中等高度者7人，矮小者27人，很矮者5人；52个女性中属中等高度者1人，矮小者10人，很矮者41人。

川苗头型：40个男性中属长头型者2人，中头型者14人，圆头型者12人，超圆头型者12人；56个女性中属长头型者1人，中头型者15人，圆头型者27人，超圆头型者13人。

川苗鼻型：40个男性中属狭鼻型者16人，中鼻型者22人，阔鼻型者2人；51个女性中属狭鼻型者12人，中鼻型者34人，阔鼻型者4人，特阔鼻型者1人。

笔者曾取"僰人"7个成年股骨和腓骨（其中BM2的左股骨病态畸形，故取其右股骨和右腓骨）的最大长根据脱特和格勒塞的公式计算出身高；把"僰人"的颅指数[②]换算为头指数从而得出头型；并据新测修正的数据[④]计算出鼻指数从而得出鼻型。

"僰人"身高：4个男性中1个高大，3个中等；3个女性中2个中等，1个矮小，无很矮者[③]。

---

① W. R. Morse: "Schedule of Physical Anthropological Measurements and Observations on Ten Ethnic Groups of Szeehwan province", *West China*, 1937.（Csupplement to Vol. VIII of the Journal of the West China Border Research Society）

② 秦学圣等：《"僰人"十具骨架的观察与测量》，见本辑。

③ 秦学圣：《"僰人悬棺"人骨初窥》，《民族论丛》第一辑《悬棺葬讨论专集》，四川省民族研究所、四川省民族研究学会编印，1981年。

"僰人"头型：6个男性中2个属长头型，3个中头型，1个圆头型；3个女性全属中头型。

"僰人"鼻型：6个男性中1个属狭鼻型，2个中鼻型，2个阔鼻型；1个特阔鼻型；4个女性中3个属阔鼻型，1个特阔鼻型。

根据以上资料可以得出下列结果。

身高差异

"僰人"男性身高在中等以上；女性多中等高度，矮小者少。

傣族男性矮小者多，中等高度者少；女性多属矮小型，很矮型出现率较高，无中等高度者。

川苗男性矮小和很矮者占绝大多数，中等高度者很少；女性很矮者占大多数，矮小者较少，中等高度者极少。

头型差异

"僰人"男性多属中头型，有长头型和圆头型出现；但女性多属中头型。男女综合而言，中头型最多。

傣族男性中圆头型者占优势，其次为中头型，长头型极少；女性中属圆头型者占优势，其次为中头型，长头型极少。男女综合言，圆头型最多。

川苗男性中属圆头型和超圆头型者占优势，其次为中头型，长头型极少；女性中属圆头型和超圆头型者占大多数，中头型较少，长头型极少。男女综合而言，超圆头型出现率引人注目。

鼻型差异

"僰人"男性中属阔鼻型和特阔鼻型者占优势，其次为中鼻型，狭鼻型少；女性多为阔鼻型也有特阔鼻型，未见中鼻型。男女综合而言，多属阔鼻型。

傣族男性中属中鼻型者占大多数，其次为阔鼻型；女性，阔鼻型和中鼻型的出现率几乎相等。

川苗男性中属中鼻型者最多，其次为狭鼻型，阔鼻型极少；女性中属中鼻型者最多，其次为狭鼻型，阔鼻型甚少，几乎无特阔鼻型（仅有一例特阔鼻型，其指数为100）。

就身高、头型和鼻型这三个主要体质特征而论，"僰人"与傣族和川苗（族）有非常显著的差异。因此我们对于许多学者的"僰人"属于傣族之说表示怀疑。有人认为世代与川苗邻居的"僰人"在明代被汉人镇压后，有少数遗留下来加入了川苗族。这种推测我们还不敢轻易赞同。

附：

本文所采用的身高、头型和鼻型的分级标准。

身高分级：

很高　172厘米以上

高大　168—172

中等　158—167.9

矮小　148—157.9

很矮　148厘米以下

头型分级：

长头型　　×—75.9

中头型　76—80.9

圆头型　81.0—85.4

超圆头型　85.5—×

鼻型分级（颅）：

狭鼻型　　×—46.9

中鼻型　47—50.9

阔鼻型　51—57.9

特阔鼻型　58—×

鼻型分级（活体）：

狭鼻型　55—69.9

中鼻型　70—84.9

阔鼻型　85—99.9

特阔鼻型　100—×

原载《四川省博物馆论文集》1981年第1辑

"僰人"十具骨架的观察与测量[①]

　　四川珙县一带之"僰人悬棺"，以其葬俗奇特历来为国内外学者所重视。学者们多引用文献资料对"僰人"的族属问题进行考证，有认为"僰人"属于傣族者，也有认为属于濮人或僚人者，各说不尽相同，而对于"僰人悬棺"内的人骨尚未进行过体质人类学的考察。

　　1974年夏，四川省博物馆派考古人员在珙县洛表区麻塘坝的邓家岩和白马洞两处取下据考证为明代的悬棺十具（每棺一具尸骨）运回博物馆，我们对这十具"僰人"尸骨进行了观察和测量。观察、测量方法据吴汝康、吴新智所著《人体骨骼测量方法》；使用的是南昌市青云谱计量仪器厂所产之人体骨骼测量仪器。观察测量结果报告如下：

一、一般情况

　　"僰人"尸骨十具，分别取自珙县洛表区之邓家岩及白马洞，其编号与棺号同。其中来自邓家岩的七具，编号为TM1至TM7；白马洞的三具为BM1至BM3。

---

① 本文由秦学圣、李莉、汪澜、胡兴宇、吕启乾合著。

尸体于棺内系仰身直肢。由于个别棺材底部破损，部分尸骨堕出棺外，或为小动物和飞鸟搬移，故棺内尸骨有些缺失。TM1、TM3、TM5、TM7缺下颌骨；TM5缺右侧锁骨和左侧肩胛骨；TM6缺左肩胛骨；TM1缺胸骨；TM6缺胸骨柄。其他如手足骨及躯干骨之椎骨、肋骨亦多缺失。另见部分骨块骨质缺损，主要有TM4之右肩胛骨和右肱骨上端之缺损以及TM6左侧胫骨内踝部缺损。躯干骨及手、足骨缺失甚多，未予测量。

此外，见TM4左侧髋骨存有三处伤痕，其一为坐骨棘稍上方之楔形裂口，裂口最宽处宽15毫米，裂口深30毫米；另两处伤痕分别位于耻骨上肢近髂耻隆起处和坐骨上、下肢之移行部，造成耻骨大部及坐骨下肢与髋骨完全离断，离断部在观测时已不存在。此骨之伤痕似生前为利器砍伤所致。BM2号之左股骨自中分开始扩张膨大，尤以中分为甚，向后方尤为显著，于腘面上缘上方40毫米处始前后径基本恢复常态，但仍向两侧扩大，膨大中分最大前后径为45.5毫米，左右径为39.0毫米；膨大之表面粗糙不平，有小沟及小骨刺；膨大最甚处见皮质破坏，在其后外侧面上有一长肾形骨质破坏区，其长轴与股骨长轴一致，此区向骨髓腔内延伸，造成膨大中分处之骨髓腔破坏，成一空洞，洞之表面为骨皮质所被覆洞内面之皮质向内侧面以一小孔与股骨内侧之皮质相延。此腔以上和以下之骨髓腔由于此腔由骨皮质被覆而封闭。另见该股骨上段之中轴与下段中轴在膨大部呈171.5度角，显然为骨病所引起。该侧股骨之骨病究属何种性质，待进一步研究。

十具尸骨中根据对颅骨、髋骨及骨盆的观测以及其他骨表面标志的观察，确定其中男性六具，女性四具；十具尸骨中三具之肢骨干骺尚未完全愈合，确定其年龄在20岁以下，其中一例为5—6岁之儿童；其余七例年龄均在20岁以上。根据颅骨骨缝及肢骨干骺愈合情况，牙齿的萌出及磨耗程度等，对十具尸骨年龄作了估计。具体资料列于表1。

二、颅骨的观察和测量

1.颅形（顶面观）

卵圆形者四例（TM2、TM4、TM5和TM7）、椭圆形者二例（TM1、TM6）、五角形者二例（TM3及BM2）、楔形一例（BM3）和菱形一例（BM1）。所见十例颅骨之顶骨均有冠状方向的浅横凹，凹陷位于顶结节之前，冠状缝之后，近颞线处最宽阔和清晰，近矢状缝处渐消失。一般肉眼可见，仅BM1号肉眼不易分辨，但以手可以摸出凹陷的存在。左右两侧凹陷一般没有明显差异。似为某种形式的负重所造成。

2.骨缝

（1）额中缝：未见全额中缝者；在眉间部有额中缝者见有三例（TM3、TM5、BM2），缝之长度均未及额骨弧长之三分之一。

（2）颅顶缝：每一例颅骨顶缝之前囟段、顶段、顶孔段和后段没有同属一种缝型的。微波型顶缝仅存在于前囟段和顶孔段，前囟段及顶孔段也主要由微波型顶缝构成；锯齿型顶缝主要出现于顶段；深波型缝以位于后段者最多；复杂型者出现最少，仅见于两例之顶段及后段。

顶孔：TM7号颅仅存左侧顶孔；TM1和BM2仅存右侧顶孔；后者并存一附加顶孔，但孔径不及0.5毫米；其余各颅两侧顶孔均存。顶孔之孔径均未达2毫米。

（3）人字缝：所见十例颅骨之人字缝全为复杂型缝，其中七例颅骨的一侧或两侧具缝间骨：TM1号颅左侧人字缝存两块缝间骨，右侧存四块；TM2号颅左人字缝见五块缝间骨，右侧未见；TM4号颅仅左侧人字缝近星点处具一块缝间骨；TM7号颅则左侧一块，右侧四块；BM1号左右两侧各存一块缝间骨；BM2号则右侧仅有一块；BM3号颅两侧星点处人字缝各有一块缝间骨。各骨形状均不规则，大小不定。存在两块以上缝间骨者，有彼此连接的，亦有彼此分离者。

（4）翼区：按H型、Ⅰ型、X型和翼上骨型四型进行观察，仅见

H型和翼上骨型。二十例翼区中十六例为H型，均为宽H型；仅四例翼区为单翼上骨型，见于TM1之右侧、TM3之右侧、TM7之左侧和BM3右侧。其中典型一例（TM3）、前翼上骨两例（TM1与TM7）、后翼上骨一例（BM3）。

3.眉弓

三例（TM3、BM1、BM2）微显，三例（TM1、TM6、TM7）稍显；四例（TM2、TM4、TM5和BM3）显著，无特显及粗壮者。眉弓范围除一例（TM4）达眶上缘全长之二分之一外，其余各例均未及其二分之一。

4.枕外隆凸

除BM1号颅外，九例颅骨中一例（TM5）缺如；一例（BM3）中等；一例（TM2）成喙突状；其余六例均为稍显。

5.乳突

九例颅骨中三例（TM1、TM3、TM5）之乳突为"小"；两例（TM7和BM2）为"中"；四例（TM2、TM4、TM6及BM3）为"大"。无"特大"乳突者。

6.腭部

腭形：BM1号颅之腭形为抛物线形，其余九例均为椭圆形，无"U"形者。

腭指数和腭型：测得各颅之腭长、腭宽，并算出腭指数，定出腭型，列于表2。除BM1为儿童外，其余九例中以狭腭型出现最多。

此外，发现六例（TM2、TM3、TM4、TM5、TM6及BM2）颅骨上颌侧切牙之牙槽窝消失，牙槽缘骨质充分吸收，局部显现萎缩，故中切牙和尖牙之间出现4—8毫米宽之间隔。可据此推断"僰人"有"打"掉上颌侧切牙的风习。

7.眼眶

眼眶眶口之形状，一例（TM5）为近圆形；一例（TM6）为长方形；其余八例均为椭圆形。

测量了眼眶之眶高、眶宽，算出眶指数并据此定出眶型，列于表3。从表3可以看出，僰人颅骨之眼眶以中眶型者为多。

8.鼻部

测量了僰人尸骨的鼻高、鼻宽并算出鼻指数，从鼻指数推出其鼻型；另测鼻骨之最小宽和最小高，亦算出鼻根指数。从鼻指数推出之鼻型表明所测僰人尸骨以阔鼻型多见。各测量数值及指数、鼻型列于表4及表5。

9.颅型

所测"僰人"尸骨之颅长、颅宽和颅高、耳门上缘点至前囟点高及耳上颅高之数值列于表6。根据各数值算出颅指数并定出颅型。颅指数和颅型则列表于表7—表10。从表7可以看出，按颅指数所定之颅型，除BM1为儿童之颅外，其余九例中仅两例为长颅型，余七例均为中颅型。从表8、表9则可见，除BM1外以高颅型者为多：按颅长高指数Ⅰ划分，九例颅骨中六例为高颅型，正颅型者仅见三例，未见低颅型者；按颅长高指数Ⅱ划分，则七例属于高颅型，正颅型者仅两例，亦未见低颅型之颅。从表10可以看出僰人尸骨之颅大多数为狭颅型。十例之中，一例（BM1）小儿颅骨除外，余九例中属狭颅型的即占六例。结合表8、表9看，僰人之颅多数高而狭。

10.面型

对"僰人"尸骨之面颅进行了测量，现将测得的全面高、上面高、面宽及总面角、鼻面角、齿槽面角、鼻颧角和颧上颌角列于表11，根据表11所列之全面高、上面高和面宽算出全面指数及上面指数；根据此二指数及总面角、中面角及齿槽面角划分出面颅之面型。面指数及面型之分布情况见表12、表13和表14。

"僰人"之十具尸骨中，仅六例颅骨具下颌骨，故能计算出全面指数者即仅六例，且其中一例（BM1）为5—6岁的小儿，故依全面指数划分面颅面型，五例不足以说明问题。按上面指数划分上面型，除BM1外，以中上面型最多。按总面角和中面角划分，则中颌面型最多，正颌面或凸颌面均较少；按齿槽面角划分，则除一例（TM1）为中颌面外，全为凸颌面型。

11.下颌骨

"僰人"悬棺中取出之十具尸骨仅存六个下颌骨，其中TM4之下颌骨右侧喙突缺损。观察了此六例下颌骨的颏形、下颌圆枕及下颌角，并对这些下颌骨进行了测量，根据测量数值计算了相应的指数。

颏形：六例下颌骨中，二例（BM1和BM2）之颏形为尖形，其余四例均为圆形，另两形未见。

下颌圆枕：仅见TM4具有下颌圆枕左右各一，各位于同侧尖牙，牙槽之舌侧面，呈椭圆形，其最大长径左侧6.5毫米，右侧6.0毫米，最大宽径左4.0毫米、右4.5毫米；二者均高出下颌骨表面1毫米。圆枕之长轴倾斜，上端倾向后外，对向尖牙与第一双尖牙之牙槽隔，下端则倾向内下，对尖牙之纵轴。圆枕之上端距齿槽缘0.7毫米。余五例下颌骨均无下颌圆枕。

下颌角：六例下颌骨中仅TM4、BM3两例之下颌角略外翻，其余四例垂直向下。

下颌骨之测量数值及相应指数列于表15。

12.颅围

我们对"僰人"悬棺内十具骨架的颅围进行了测量，取得颅围Ⅰ（前后经过g和op，左右平行）和颅围Ⅱ（经过on和op）的数值，列于表16。

三、上肢骨的测量

我们测量了"僰人"悬棺内取出之七具肢骨干、骺已经完全愈合的尸骨之锁骨、肩胛骨、肱骨及前臂骨。手骨因多有缺失，故未予测量。测量所得数据均分别计算相应指数。各骨测量数据及其相应指数分别列于表17至21。

四、下肢骨之测量

除对"僰人"悬棺内取出的七具干骺完全愈合的骨架之髋骨、股骨及小腿骨进行测量外，三具干骺尚未完全愈合者未予测量。根据测量所得数值分别算出相应之指数，详见表22至25。

我们将对观察和测量中发现的问题陆续进行研究，并根据观测的资料与其他有关民族进行比较，期能有助于"僰人"族属问题的最终解决。

四川省文物考古研究院名家学术文集

表1　十具僰人尸骨之性别与年龄

	TM₁	TM₂	TM₃	TM₄	TM₅	TM₆	TM₇	BM₁	BM₂	BM₃
性别	男	男	女	男	女	男	男	女	女	男
年龄	17–18	35–40	22–24	40–50	35–40	56–X	19–20	5–6	21–23	35–40

表2　僰人悬棺内十具尸骨之腭指数和腭型

项目	TM₁	TM₂	TM₃	TM₄	TM₅	TM₆	TM₇	BM₁	BM₂	BM₃
腭指数	81.45	76.89	95.95	77.31	75.36	73.63	88.26	99.05	72.58	82.93
腭型	中腭型	狭腭型	阔腭型	狭腭型	狭腭型	狭腭型	阔腭型	阔腭型	狭腭型	中腭型

表3　僰人悬棺内颅骨之眶高、眶宽、眶指数及眶型

项目		TM₁	TM₂	TM₃	TM₄	TM₅	TM₆	TM₇	BM₁	BM₂	BM₃
眶高（毫米）	左	33.2	33.0	32.7	31.2	35.6	32.0	30.9	28.1	32.2	31.0
	右	32.2	34.0	32.8	30.5	34.8	32.4	30.7	29.2	31.5	30.5
眶宽（mf-ek）（毫米）	左	38.0	39.5	39.4	42.0	40.1	41.0	41.9	33.4	41.0	38.5
	右	38.2	42.0	38.3	40.4	41.4	41.4	41.5	33.4	40.7	40.3
眶宽（d-ek）（毫米）	左	34.2	—	37.7	37.8	37.3	38.1	38.4	—	37.5	36.0
	右	—	—	36.8	39.5	37.9	37.7	38.1	—	38.6	37.7

项目		TM$_1$	TM$_2$	TM$_3$	TM$_4$	TM$_5$	TM$_6$	TM$_7$	BM$_1$	BM$_2$	BM$_3$
眶指数Ⅰ	左	87.37	83.59	82.99	74.29	88.78	78.05	73.75	84.13	78.54	80.52
	右	84.29	80.95	85.64	75.55	84.47	78.26	73.96	87.43	77.40	75.68
眶指数Ⅱ	左	97.08	—	86.74	82.54	95.44	83.99	80.47	—	85.87	86.11
	右	—	—	89.13	77.22	91.82	85.94	80.58	—	81.61	80.69
按指数Ⅰ划分眶型	左	高眶型	中眶型	中眶型	低眶型	高眶型	中眶型	低眶型	中眶型	中眶型	中眶型
	右	中眶型	中眶型	高眶型	低眶型	中眶型	中眶型	低眶型	高眶型	中眶型	低眶型
按指数Ⅱ划分眶型	左	高眶型		中眶型	低眶型	高眶型	中眶型	低眶型		中眶型	中眶型
	右	高眶型		高眶型	低眶型	高眶型	中眶型	低眶型		低眶型	低眶型

表4 獴人颅骨之鼻高、鼻宽、鼻指数及鼻型

项目	TM$_1$	TM$_2$	TM$_3$	TM$_4$	TM$_5$	TM$_6$	TM$_7$	BM$_1$	BM$_2$	BM$_3$
鼻高（毫米）	51.2	51.4	49.0	49.0	47.3	52.0	45.0	33.0	42.0	45.0
鼻宽（毫米）	24.4	27.0	27.0	28.0	27.0	26.0	28.0	18.0	25.0	24.0
鼻指数	45.90	47.62	55.14	57.10	57.40	50.00	62.20	54.50	59.50	53.30
鼻型	狭鼻型	中鼻型	阔鼻型	阔鼻型	阔鼻型	中鼻型	特阔鼻型	阔鼻型	特阔鼻型	阔鼻型

表5 獴人颅骨之鼻骨最小宽、鼻骨最小高和鼻根指数

项目	TM$_1$	TM$_2$	TM$_3$	TM$_4$	TM$_5$	TM$_6$	TM$_7$	BM$_1$	BM$_2$	BM$_3$
鼻骨最小宽（毫米）	4.2	6.3	7.6	8.0	6.0	9.5	6.0	—	5.8	3.0
鼻骨最小高（毫米）	2.0	3.0	2.0	2.5	2.5	2.8	2.5	—	1.5	1.3
鼻根指数	47.62	47.62	26.32	31.25	41.67	29.47	41.67	—	25.86	43.33

表6 僰人颅骨之颅长、颅宽、颅高、耳上颅高及耳门上缘点至前囟点高之数值（毫米）

项目	TM$_1$	TM$_2$	TM$_3$	TM$_4$	TM$_5$	TM$_6$	TM$_7$	BM$_1$	BM$_2$	BM$_3$
颅最大长（g—op）	182.0	179.0	177.0	191.0	178.0	179.0	184.0	—	172.0	179.0
颅宽（eu—eu）	132.8	138.0	135.5	136.0	134.0	142.0	149.0	—	133.3	143.1
颅高（ba—b）	137.0	139.0	137.2	135.0	131.0	135.8	134.5	—	134.3	141.0
耳上颅高	115.0	118.5	114.5	116.2	112.0	117.5	117.0	—	112.8	120.0
耳门上缘点至前囟点高（po—b）	114.8	118.0	112.2	116.0	110.5	114.0	117.0	—	111.0	119.5

表7 僰人尸骨之颅指数及按指数划分之颅型

项目	TM$_1$	TM$_2$	TM$_3$	TM$_4$	TM$_5$	TM$_6$	TM$_7$	BM$_1$	BM$_2$	BM$_3$
颅指数	72.97	77.09	76.55	71.20	75.28	79.33	77.17	—	77.50	79.54
颅型	长颅型	中颅型	中颅型	长颅型	中颅型	中颅型	中颅型	—	中颅型	中颅型

表8 僰人尸骨之长高指数I及按其划分的颅型

项目	TM$_1$	TM$_2$	TM$_3$	TM$_4$	TM$_5$	TM$_6$	TM$_7$	BM$_1$	BM$_2$	BM$_3$
颅长高指数I	75.27	77.65	77.51	70.68	73.60	75.87	73.10	—	78.08	78.77
颅型	高颅型	高颅型	高颅型	正颅型	正颅型	高颅型	正颅型	—	高颅型	高颅型

056

表9 獠人尸骨之长高指数 II 及按其划分的颅型

项目	TM₁	TM₂	TM₃	TM₄	TM₅	TM₆	TM₇	BM₁	BM₂	BM₃
颅长高指数 II	63.08	65.92	63.39	60.73	62.08	63.69	63.59	—	64.53	66.76
颅型	高颅型	高颅型	高颅型	正颅型	正颅型	高颅型	高颅型	—	高颅型	高颅型

表10 獠人尸骨之颅宽高指数及按其划分之颅型

项目	TM₁	TM₂	TM₃	TM₄	TM₅	TM₆	TM₇	BM₁	BM₂	BM₃
颅宽高指数	103.16	100.72	101.25	99.26	97.76	95.63	94.72	—	100.75	98.53
颅型	狭颅型	狭颅型	狭颅型	狭颅型	中颅型	中颅型	中颅型	—	狭颅型	狭颅型

表11 獠人尸骨之全面高、上面高、面宽(毫米)及面颅各角(度)之数值

项目	TM₁	TM₂	TM₃	TM₄	TM₅	TM₆	TM₇	BM₁	BM₂	BM₃
全面高	—	114.5	—	125.2	—	113.5	—	79.0	110.3	110.7
上面高(n−sd)	66.3	68.4	64.6	68.8	62.3	66.7	60.5	47.0	61.2	64.2
(n—pr)	64.0	66.0	63.5	67.1	61.5	64.7	57.0	45.0	60.9	61.6
面宽	123.0	132.5	122.0	130.0	124.5	139.0	127.0	94.5	121.0	130.0
总面角	81.5°	81°	81°	81.5°	79.5°	83°	83°	82°	77°	81°
中面角	82°	83°	84°	85°	81.5°	88°	84°	84°	80°	84°
齿槽面角	80°	72°	71°	74°	70°	76.5°	79°	79°	63°	72°
鼻颧角	143°	147°	151°	148°	145.5°	145°	142°	146.5°	146°	144°
颧上颌角	119°	122.5°	126.5°	116°	128.5°	132°	125.5°	132.5°	104.5°	125°

表12 僰人尸骨之全面指数及按全面指数划分的面型

项目	TM₂	TM₄	TM₆	BM₁	BM₂	BM₃
全面指数	86.42	96.31	81.65	83.25	91.16	85.15
面型	中面型	特狭面型	阔面型	阔面型	狭面型	中面型

表13 僰人颅骨之上面指数及按上面指数划分的面型

项目	TM₁	TM₂	TM₃	TM₄	TM₅	TM₆	TM₇	BM₁	BM₂	BM₃
上面指数	54.34	51.62	52.95	54.95	50.04	47.99	47.32	49.53	50.58	49.54
面型	中上面型	中上面型	中上面型	中上面型	中上面型	阔上面型	阔上面型	阔上面型	中上面型	阔上面型

表14 僰人颅骨按总面角、中面角和齿槽面角划分的面颌型分布情况

划分方法	TM₁	TM₂	TM₃	TM₄	TM₅	TM₆	TM₇	BM₁	BM₂	BM₃
按总面角划	中颌面	中颌面	中颌面	中颌面	凸颌面	中颌面	中颌面	中颌面	凸颌面	中颌面
按中面角划	中颌面	中颌面	中颌面	正颌面	中颌面	正颌面	中颌面	中颌面	中颌面	中颌面
按齿槽角划	中颌面	凸颌面	凸颌面	凸颌面	凸颌面	凸颌面	凸颌面	凸颌面	过凸颌面	凸颌面

表15 僰人下颌骨之测量数值（毫米）及其指数

项目	TM₂	TM₄	TM₆	BM₁	BM₂	BM₃
髁间宽	118.0	121.6	124.3	89.3	112.5	118.7
喙突间宽	93.6	—	104.1	70.0	84.9	104.0
下颌角间宽	97.0	96.7	91.0	68.9	89.8	102.0

（续表）

项目		TM₂	TM₄	TM₆	BM₁	BM₂	BM₃
额孔间宽		46.5	44.2	43.9	37.4	46.1	47.3
下颌体长		67.0	66.5	63.5	45.0	68.7	63.3
下颌体高（额孔处）	左	26.5	33.8	30.3	17.4	26.6	26.4
	右	25.5	33.6	30.4	18.4	27.1	27.5
下颌体高（M₁,M₂间）	左	24.0	28.3	26.3	15.7	24.1	23.4
	右	22.5	29.6	24.3	15.7	26.7	25.7
下颌体厚（M₁,M₂间）	左	16.0	16.4	13.3	12.8	14.5	14.2
	右	17.0	16.4	13.9	12.6	14.4	14.7
下颌体厚（额孔处）	左	11.5	14.3	11.5	11.2	11.5	11.1
	右	11.0	14.3	11.1	11.2	11.0	12.6
下颌联合高		29.6	38.8	31.8	21.7	—	—
下颌枝最小宽	左	34.0	35.1	32.2	26.3	34.2	29.0
	右	33.0	34.0	37.2	27.1	32.8	30.0
下颌枝高	左	68.0	61.9	60.2	40.0	53.0	58.4
	右	67.0	60.8	62.8	39.4	56.4	60.4
下颌切迹宽	左	37.5	31.4	33.8	25.7	36.1	24.7
	右	37.5	—	37.5	25.6	33.2	25.2
下颌切迹深	左	14.5	19.2	13.1	8.4	10.3	16.1
	右	15.0	—	14.1	8.9	10.9	14.5
下颌联合弧		33.0	45.0	37.0	25.0	—	—
额孔间弧		57.0	52.0	51.0	45.0	53.0	56.0

（续表）

项目		TM₁	TM₂	TM₄	TM₆	BM₁	BM₂	BM₃
下颌角	左		126.5°	138°	128.5°	124°	132.5°	131°
	右		125.5°	136°	128.5°	124°	131.5°	130°
下颌骨厚指数			56.78	54.69	51.09	50.39	61.07	52.97
下颌骨高厚指数（颏孔处）	左		66.67	57.95	50.57	81.52	60.17	60.68
	右		75.56	55.41	57.20	80.25	53.93	57.20
下颌骨高厚指数（M₁,M₂间）	左		43.40	42.31	37.95	64.36	43.23	42.05
	右		43.14	42.56	36.51	60.87	40.59	46.18

表16 僰人尸骨之颅围（毫米）

项目	TM₁	TM₂	TM₃	TM₄	TM₅	TM₆	TM₇	BM₁	BM₂	BM₃
颅围 I	505	509	502	532	504	519	519	461	489	519
颅围 II	505	507	502	521	503	517	518	462	489	518

表17 僰人尸骨之锁骨测量数值（毫米）及其相应之指数

项目		TM₂	TM₃	TM₄	TM₅	TM₆	BM₂	BM₃
最大长	左	153.0	127.0	151.0	130.0	150.0	138.0	129.0
	右	146.0	120.0	149.5	—	144.0	138.0	129.0
最小宽	左	13.6	11.1	10.3	9.5	11.3	10.0	12.2
	右	13.0	11.1	10.0	—	12.0	10.1	11.0

（续表）

项目		TM$_2$	TM$_3$	TM$_4$	TM$_5$	TM$_6$	BM$_2$	BM$_3$
中部周长	左	37.0	34.0	45.0	35.0	34.0	32.0	40.0
	右	41.0	37.0	45.0	—	36.5	33.0	37.5
体曲度矢高	左	31.0	30.0	34.0	27.0	30.5	27.0	28.0
	右	32.0	29.0	34.5	—	29.5	32.0	28.0
中部高	左	9.1	8.2	13.0	10.2	9.4	8.5	11.0
	右	9.2	9.5	13.0	—	9.5	9.4	10.0
长厚指数	左	24.18	26.77	29.80	26.92	22.67	23.19	31.01
	右	28.08	30.83	30.10	—	25.35	23.91	29.07
曲度指数	左	20.26	23.62	22.52	20.77	20.33	19.57	21.71
	右	21.92	24.17	23.08	—	20.49	23.19	21.71

表18 僰人肩胛骨测量数值（毫米）及其相应的指数

项目		TM$_2$	TM$_3$	TM$_4$	TM$_5$	TM$_6$	BM$_2$	BM$_3$
形态长	左	105.0	92.0	110.7	—	—	88.8	96.5
	右	105.6	90.0	106.0	97.5	95.0	91.0	97.3
形态宽	左	150.5	134.7	157.2	—	—	130.7	144.8
	右	153.2	141.0	—	136.4	148.5	130.4	144.0
岗上窝高	左	48.0	42.5	56.6	—	—	40.0	51.0
	右	41.6	42.8	56.1	47.7	41.8	41.3	50.0
岗上窝投影高	左	36.9	30.0	48.2	—	—	24.3	44.5
	右	36.7	30.5	—	41.3	35.0	28.2	41.0

（续表）

项目		TM₂	TM₃	TM₄	TM₅	TM₆	BM₂	BM₃
岗下窝高	左	115.0	107.7	113.2	—	—	110.2	104.0
	右	116.0	113.1	—	98.7	117.7	104.3	106.1
岗下窝投影高	左	113.5	104.4	108.7	—	—	106.4	100.3
	右	116.5	110.4	—	95.1	113.5	101.7	103.0
肩胛岗长	左	145.8	—	140.8	126.9	129.3	118.9	129.4
	右	147.0	121.0	142.2	—	—	114.3	130.5
喙突长	左	54.0	41.4	45.5	40.2	48.0	36.6	48.0
	右	56.4	—	49.6	—	—	38.6	45.5
关节盂长	左	37.9	34.1	38.5	—	—	29.5	36.4
	右	38.1	33.7	38.8	34.5	47.3	29.2	37.0
关节盂宽	左	27.2	—	30.2	—	—	20.0	24.5
	右	27.1	22.9	29.8	23.8	27.3	21.2	25.1
肩胛宽岗长角	左	87°	86°	82°	—	—	91°	89°
	右	84.5°	85°	—	81.5°	91°	91.5°	86°
腋岗角	左	48°	51°	43.5°	—	—	51°	47.5°
	右	52.5°	52°	—	42.5°	51°	47°	47°
肩胛指数	左	143.33	146.41	142.01	—	—	147.18	150.05
	右	145.08	156.67	—	139.90	156.32	143.30	148.00
岗窝指数	左	32.51	28.74	44.87	—	—	22.84	44.37
	右	31.50	27.63	—	43.44	30.84	27.73	39.81

（续表）

项目		TM₂	TM₃	TM₄	TM₅	TM₆	BM₂	BM₃
岗上窝指数	左	24.52	22.27	30.66	—	—	18.59	30.73
	右	23.96	21.63		30.28	23.57	21.63	28.47
岗下窝指数	左	75.42	77.51	69.15	—	—	81.41	69.27
	右	76.04	78.30	—	69.72	76.43	77.99	71.53

表19 僰人肱骨之测量数值（毫米）及相应的指数

项目		TM₂	TM₃	TM₄	TM₅	TM₆	BM₂	BM₃
最大长	左	308.0	287.5	302.0	278.0	299.0	281.0	273.0
	右	308.0	291.0	302.0	285.0	298.0	287.0	279.0
生理长	左	302.0	282.5	297.0	273.0	296.0	279.0	269.0
	右	303.0	287.0	296.0	280.0	295.0	285.0	274.0
上端宽	左	48.0	43.0	51.0	44.0	47.0	40.0	45.0
	右	49.0	43.0	—	46.0	46.0	40.0	46.0
下端宽	左	61.0	55.0	58.0	52.0	56.0	51.0	57.0
	右	63.0	56.5	58.0	52.0	58.0	51.0	57.2
体中部最大径	左	21.6	18.7	21.8	16.9	19.0	17.0	21.4
	右	23.0	18.7	21.7	19.9	20.0	16.9	21.2
体中部最小径	左	20.0	14.2	16.3	14.1	16.0	13.3	16.4
	右	20.0	14.2	16.9	14.3	15.3	13.5	16.5
体最小周长	左	65.0	55.0	65.0	55.0	62.0	52.0	64.8
	右	65.0	55.0	65.0	57.0	60.0	54.0	66.5

（续表）

项目		TM₂	TM₃	TM₄	TM₅	TM₆	BM₂	BM₃
头周长	左	138.0	106.0	145.0	122.0	139.5	112.0	128.6
	右	138.0	108.0	—	123.0	134.0	111.0	130.0
头横径	左	43.6	37.3	47.0	39.0	43.7	35.6	41.5
	右	43.9	37.6	—	40.0	44.3	35.7	42.4
头纵径	左	23.5	22.8	25.0	23.5	26.4	21.9	26.3
	右	25.0	23.3	—	24.8	29.5	21.8	26.5
滑车至小头宽	左	43.3	38.3	47.0	39.6	41.5	33.8	41.1
	右	44.7	38.7	47.6	40.0	41.1	34.7	41.9
滑车矢径	左	25.3	22.6	27.8	22.8	25.0	20.5	22.6
	右	26.0	24.0	28.1	23.0	24.7	21.3	23.0
髁体角	左	75°	72°	78°	71°	79°	80°	78°
	右	74.5°	76°	77°	78°	81°	82°	79°
扭转角	左	35°	25.5°	16°	17°	33°	31°	27°
	右	32.5°	28°	—	9.5°	86°	25°	37°
横断面指数	左	92.59	75.94	74.77	83.84	84.21	78.24	76.64
	右	86.96	75.94	77.88	71.86	76.50	79.88	77.83
粗壮指数	左	21.10	19.13	21.52	19.78	20.74	18.51	23.74
	右	21.10	18.90	21.52	20.00	20.13	18.82	23.84
锁胝指数	左	50.66	44.96	50.84	47.62	50.68	49.46	47.96
	右	48.18	41.81	50.51	—	48.81	48.42	47.08

表20 僰人尺骨之测量数值（毫米）及相应之指数

项目	左/右	TM₂	TM₃	TM₄	TM₅	TM₆	BM₂	BM₃
最大长	左	255.0	238.0	252.0	226.0	247.0	233.0	241.0
	右	256.0	241.0	253.0	227.0	248.0	240.0	244.0
生理长	左	227.0	211.2	220.2	202.0	218.2	208.0	213.0
	右	227.0	215.7	222.0	204.8	219.0	215.0	214.0
体最小周长	左	34.0	32.0	38.0	32.0	35.4	29.0	34.0
	右	34.0	32.0	38.0	31.0	34.0	31.0	35.5
喙突上关节面外侧部前宽	左	7.9	5.3	7.1	8.5	8.0	5.3	7.2
	右	8.1	7.1	7.4	9.6	6.5	7.7	9.0
喙突上关节面外侧部后宽	左	9.2	8.9	12.0	12.5	13.0	9.2	6.0
	右	11.2	10.0	12.3	12.4	11.0	10.0	9.8
体矢径	左	16.6	25.2	19.3	17.7	15.1	13.9	15.3
	右	18.1	24.3	19.2	16.4	14.5	15.3	15.5
体横径	左	15.9	18.3	15.2	12.7	12.8	11.6	13.0
	右	17.0	16.6	14.2	12.7	12.5	11.4	13.6
骨干上部横径	左	22.8	17.4	21.5	20.6	17.0	18.6	21.3
	右	22.8	16.5	21.5	19.6	17.5	15.6	22.0
骨干上部矢径	左	25.1	21.5	26.0	23.3	20.5	21.6	20.5
	右	25.5	21.2	26.4	20.9	22.6	21.0	20.6
体弦长	左	186.7	177.3	179.9	176.6	171.2	174.0	181.0
	右	181.8	182.0	178.3	165.6	164.0	179.0	177.0

（续表）

项目		TM₂	TM₃	TM₄	TM₅	TM₆	BM₂	BM₃
体曲度高	左	5.0	2.2	3.0	3.6	5.8	3.2	2.3
	右	7.0	3.6	2.3	4.4	2.7	4.4	3.6
长厚指数	左	14.98	15.15	17.26	15.84	16.22	13.94	15.96
	右	14.98	14.84	17.12	15.14	15.53	14.42	16.59
体断面指数	左	104.40	137.70	126.97	139.37	117.97	119.83	117.69
	右	106.47	146.39	135.21	129.13	116.00	134.21	113.97
喙突上关节面外侧部指数	左	85.87	59.55	59.17	68.00	61.54	57.61	80.00
	右	72.32	71.00	60.16	77.42	59.09	77.00	61.22
骨体曲度指数	左	2.68	1.24	1.67	2.04	3.39	1.84	1.27
	右	3.85	1.98	1.29	2.66	1.65	2.46	2.03

表21　獠人桡骨之测量数值（毫米）及相应之指数

项目		TM₂	TM₃	TM₄	TM₅	TM₆	BM₂	BM₃
最大长	左	241.0	222.0	235.0	208.0	221.0	217.0	225.0
	右	240.0	224.0	237.0	212.0	229.0	222.0	227.0
生理长	左	226.8	210.0	220.0	197.0	209.7	206.0	212.0
	右	226.2	212.0	221.0	199.2	217.0	211.0	213.5
体最小周长	左	37.0	34.0	45.0	36.0	39.7	37.0	39.1
	右	41.0	33.0	44.0	37.0	37.6	36.0	40.7

（续表）

项目		TM₂	TM₃	TM₄	TM₅	TM₆	BM₂	BM₃
体横径	左	15.4	14.0	17.3	14.5	15.0	13.7	16.0
	右	16.7	14.0	17.2	14.6	15.9	13.9	16.1
体矢径	左	11.5	11.6	11.7	9.7	11.1	9.9	11.0
	右	12.4	10.5	11.0	9.3	10.6	9.5	11.2
颈体角	左	172°	176°	172.5°	171.0°	168°	169°	172.5°
	右	170.5°	174°	170°	172.0°	168.5°	169°	170.5°
体弦长	左	173.0	168.0	172.0	154.6	157.5	161.2	167.4
	右	172.4	168.3	171.8	151.0	163.8	163.8	167.5
体曲度高	左	3.5	2.8	1.8	2.3	2.7	3.5	3.2
	右	3.6	2.8	2.8	2.8	4.0	4.5	2.8
长厚指数	左	16.31	16.19	20.45	18.27	18.93	17.96	18.44
	右	18.13	15.57	19.91	18.57	17.33	17.06	19.06
体断面指数	左	74.68	82.86	67.63	66.90	74.00	72.26	68.75
	右	74.25	75.00	63.95	63.70	66.67	68.35	69.57
体曲度指数	左	2.02	1.67	1.05	1.49	1.71	2.17	1.91
	右	2.09	1.66	1.63	1.85	2.44	2.75	1.67
桡肱指数	左	78.25	77.22	77.81	74.82	73.91	77.22	82.42
	右	77.92	76.98	78.48	74.39	76.85	77.35	81.36

表22 僰人髋骨之测量数值（毫米）及其指数

项目		TM₂	TM₃	TM₄	TM₅	TM₆	BM₂	BM₃
髋骨最大长	左	205.0	198.0	—	192.0	196.0	177.0	186.0
	右	211.0	199.5	209.0	191.0	199.0	177.0	187.0
髋骨最大宽	左	175.0	149.0	—	153.9	156.0	162.0	161.8
	右	172.0	151.0	170.8	155.7	152.0	162.5	158.0
髋骨宽	左	161.6	150.7	144.2	155.0	146.6	133.8	135.5
	右	155.0	152.6	136.8	153.1	144.9	137.8	135.4
最大坐耻径	左	130.0	119.0	—	116.6	112.5	112.8	117.0
	右	124.9	117.4	120.3	111.9	112.7	113.7	114.5
最小髂宽	左	60.8	54.7	62.1	55.5	54.4	50.5	51.6
	右	60.8	54.6	62.1	55.0	53.3	52.2	53.4
髋骨高	左	132.9	127.1	131.4	122.8	124.1	114.8	113.3
	右	133.6	124.9	129.2	119.9	123.5	114.3	113.2
耳状面最大长	左	54.9	54.6	52.9	51.0	52.8	36.9	48.0
	右	52.0	65.1	56.5	49.8	53.0	41.2	45.1
闭孔长	左	33.1	38.3	—	35.0	35.0	36.3	27.2
	右	30.3	37.8	33.5	33.4	34.9	37.6	25.7
闭孔宽	左	48.1	51.4	—	41.8	51.0	41.8	43.4
	右	49.2	50.4	43.2	40.7	51.0	42.1	42.2

项目		TM₂	TM₃	TM₄	TM₅	TM₆	BM₂	BM₃
髋臼最大径	左	54.6	55.2	60.8	50.5	55.0	45.5	53.4
	右	54.6	55.4	61.2	50.5	56.2	47.0	52.8
髋臼横径	左	53.0	52.7	—	46.7	51.5	44.0	52.9
	右	53.2	52.3	58.0	47.5	53.0	43.0	51.9
髋臼深	左	30.0	27.1	—	24.8	30.0	25.5	30.8
	右	30.8	27.3	30.4	27.8	31.5	24.6	28.5
髋臼关节面宽	左	30.8	26.1	—	25.1	25.2	22.5	29.6
	右	32.8	26.4	30.0	24.1	26.5	24.5	9.8
坐骨大切迹宽	左	62.3	52.4	—	48.1	35.1	50.7	46.6
	右	66.3	48.5	49.2	47.8	37.2	51.5	43.6
坐骨大切迹深	左	39.0	38.3	—	33.5	29.3	30.3	37.1
	右	38.4	33.8	37.4	34.7	37.0	29.7	35.4
髋骨指数	左	85.37	75.25	—	80.13	79.59	91.53	86.99
	右	81.52	75.69	81.72	80.47	76.38	91.81	84.49
髂骨指数	左	121.60	118.57	109.74	126.22	118.13	116.55	119.59
	右	116.02	122.18	105.88	128.33	117.33	120.56	119.61
坐骨指数	左	41.51	37.12	—	39.74	37.24	37.12	41.67
	右	40.85	39.60	41.05	39.79	37.19	40.23	40.91
耻骨指数	左	52.66	55.87	—	56.06	50.27	60.97	52.03
	右	53.10	54.08	63.01	56.90	51.41	56.60	52.81

（续表）

项目		TM₂	TM₃	TM₄	TM₅	TM₆	BM₂	BM₃
闭孔指数	左	145.32	134.20	—	119.43	145.71	115.15	159.56
	右	162.38	133.33	128.96	121.86	146.13	111.97	164.20

表23 僰人股骨之测量数值（毫米）及其指数

项目		TM₂	TM₃	TM₄	TM₅	TM₆	BM₂	BM₃
最大长	左	438.0	410.0	438.0	404.0	414.0	410.0	399.5
	右	439.0	406.0	451.0	400.0	417.0	389.0	401.0
生理长	左	434.0	402.0	435.0	400.0	411.0	378.0	391.0
	右	434.0	400.0	447.0	396.0	415.0	371.0	392.5
体 长	左	344.0	327.0	339.0	310.5	335.0	304.0	321.0
	右	343.0	329.0	338.0	310.5	334.0	305.0	316.5
体中部矢径	左	31.8	28.0	33.0	24.3	26.0	32.0	25.6
	右	32.1	27.2	31.0	24.8	26.1	20.9	26.0
体中部横径	左	23.8	25.6	26.0	24.7	23.0	23.6	23.7
	右	26.9	23.2	24.7	24.2	24.5	20.2	23.4
体中部周长	左	95.0	85.0	95.0	80.0	78.0	99.0	79.9
	右	95.0	83.0	92.0	80.0	81.0	65.0	78.2
体上部横径	左	31.8	28.0	26.6	28.5	26.3	19.5	30.2
	右	30.5	27.8	26.2	26.8	26.0	21.1	29.0

项目		TM₂	TM₃	TM₄	TM₅	TM₆	BM₂	BM₃
体上部矢径	左	25.0	21.9	31.0	22.0	25.5	24.0	22.3
	右	25.9	21.8	30.5	21.8	28.1	17.4	22.0
体下部最小矢径	左	29.8	26.3	33.8	25.5	24.5	26.0	29.3
	右	31.7	29.1	35.2	25.2	25.5	23.0	29.0
体下部横径	左	39.5	35.0	36.0	33.4	33.0	40.0	36.8
	右	38.6	34.6	35.5	34.0	33.1	31.1	35.5
颈头上宽	左	96.6	83.9	99.0	91.1	89.3	86.5	92.5
	右	96.1	81.8	100.2	92.0	89.0	87.6	98.2
颈头前长	左	53.8	53.8	47.0	50.5	59.4	41.7	54.8
	右	53.6	49.1	53.0	52.0	59.4	32.5	56.0
颈高	左	31.1	32.3	34.5	31.4	29.4	24.7	30.5
	右	31.4	30.9	36.2	29.1	28.5	26.8	31.0
颈矢径	左	26.3	24.5	33.0	24.5	24.6	20.5	26.0
	右	25.6	25.1	31.4	23.0	25.3	22.0	25.0
头最大径	左	45.0	43.0	52.0	40.9	43.1	37.9	43.2
	右	45.0	43.0	50.2	40.7	44.9	37.9	43.4
头周长	左	143.0	138.0	160.0	131.0	140.0	120.0	137.5
	右	144.0	135.0	163.0	129.0	143.0	122.0	138.8
上髁宽	左	80.0	73.0	82.0	71.0	76.0	73.0	75.0
	右	81.0	74.0	82.0	71.0	83.0	9.5	74.5

（续表）

项目		TM₂	TM₃	TM₄	TM₅	TM₆	BM₂	BM₃
内髁长	左	58.9	55.8	64.9	55.8	57.0	48.4	58.0
	右	58.5	56.5	66.0	56.9	58.3	51.8	58.5
外髁长	左	63.9	59.3	63.2	59.1	59.5	53.1	58.3
	右	64.5	58.9	62.5	59.1	59.9	54.0	58.9
扭转角	左	0.5°	-3.5°	10°	-6°	13.5°	-20.5°	-5.5°
	右	-5°	21.5°	25°	-2.5°	3°	39.5°	-4°
颈体角	左	129.5°	125°	137.5°	126.5°	132°	138°	127.5°
	右	131.5°	123.5°	135°	131.5°	127.5°	144.5°	127°
髁体角	左	80°	75°	81°	79°	83°	60.5°	84°
	右	80°	76.5°	82°	81°	83.5°	72.5°	82°
粗壮指数	左	12.81	13.33	13.56	12.25	11.92	14.74	12.61
	右	13.59	12.60	12.46	12.37	12.19	11.08	12.59
长厚指数	左	21.89	21.14	21.84	20.00	18.98	26.19	20.43
	右	21.89	20.75	20.58	20.20	19.52	17.52	19.92
扁平指数	左	78.62	78.21	116.54	77.19	96.95	123.08	73.84
	右	84.92	78.42	116.41	81.34	108.08	82.46	75.86
脊指数	左	133.61	109.38	126.92	98.38	113.04	135.59	108.02
	右	119.33	117.24	125.51	102.48	106.53	107.18	111.11
胸区指数	左	75.44	75.14	93.89	76.35	74.24	65.00	79.62
	右	82.12	84.10	99.15	74.12	77.04	73.95	81.69

项目		TM$_2$	TM$_3$	TM$_4$	TM$_5$	TM$_6$	BM$_2$	BM$_3$
颈断面指数	左	118.25	131.84	104.55	128.16	119.51	120.49	117.31
	右	122.66	123.11	115.29	126.52	112.65	121.82	124.00
颈长指数	左	91.34	96.42	72.42	90.50	99.33	86.15	94.00
	右	91.62	86.90	85.90	91.39	105.32	62.74	95.73
髁间指数	左	92.18	94.10	102.69	94.42	95.80	91.15	99.49
	右	90.70	95.93	105.60	96.28	97.33	95.93	99.32
髁长指数	左	14.72	14.75	14.53	14.78	14.38	14.05	14.91
	右	14.86	14.73	13.91	14.92	14.94	14.56	14.93
胫股指数	左	70.97	71.52	69.73	69.50	72.75	68.54	68.34
	右	70.97	72.75	67.56	71.97	71.81	73.78	68.58

表24 僰人胫骨之测量数值（毫米）及其指数

项目		TM$_2$	TM$_3$	TM$_4$	TM$_5$	TM$_6$	BM$_2$	BM$_3$
两髁长	左	360.0	333.0	361.0	318.5	—	326.0	320.0
	右	355.0	332.0	353.0	321.0	339.0	326.0	326.0
功能长	左	339.0	313.5	337.0	301.8	315.5	310.0	303.0
	右	334.0	312.0	332.0	303.2	—	311.8	304.5
髁踝长	左	358.5	325.5	351.0	311.5	—	322.0	319.5
	右	352.0	328.5	348.5	314.0	329.0	323.0	321.5
上段宽	左	75.7	67.9	81.0	66.0	71.0	64.0	72.0
	右	73.6	67.2	81.0	55.7	79.0	64.0	72.0

（续表）

项目		TM₂	TM₃	TM₄	TM₅	TM₆	BM₂	BM₃
上内侧关节面失径	左	47.5	45.7	47.0	44.1	45.4	36.6	46.0
	右	47.0	45.3	48.7	44.1	49.0	39.3	45.0
上外侧关节面失径	左	37.3	36.7	43.0	33.8	36.3	33.8	41.5
	右	39.5	38.5	42.4	34.5	40.5	37.2	41.9
下段宽	左	53.0	48.0	56.0	45.0	—	45.0	51.0
	右	55.0	48.0	57.0	46.0	50.0	46.0	50.0
下段失径	左	38.6	36.5	39.6	32.6	—	33.5	38.0
	右	39.0	36.9	39.5	33.3	37.5	33.2	38.0
滋养孔平面之最大失径	左	33.8	32.2	37.3	28.6	31.7	27.2	30.6
	右	34.5	31.7	35.9	29.0	31.7	28.0	31.1
滋养孔平面之最大横径	左	26.1	23.6	25.5	21.0	19.3	18.4	21.3
	右	25.5	21.9	24.7	21.8	20.7	18.4	21.8
体最小周长	左	79.0	68.0	73.0	68.0	73.0	55.0	69.6
	右	78.0	69.0	72.0	67.0	73.0	59.0	71.1
扭转角	左	32.5°	16.5°	7.5°	24.5°	21°	15°	30°
	右	32.5°	20°	12°	23.5°	27°	12°	20°
胫骨指数	左	77.22	73.29	68.36	73.43	60.88	90.64	69.61
	右	73.91	69.09	68.80	75.17	65.30	78.30	70.10
长厚指数	左	22.04	20.89	20.80	21.83	—	17.08	21.78
	右	22.16	21.00	20.66	21.34	22.19	18.27	22.12

（续表）

项目		TM₂	TM₃	TM₄	TM₅	TM₆	BM₂	BM₃
胫腓指数	左	78.11	77.99	77.47	75.45	—	82.01	77.49
	右	76.96	78.00	74.27	75.80	76.02	84.04	77.58

表25　僰人腓骨之测量数值（毫米）及其指数

项目		TM₂	TM₃	TM₄	TM₅	TM₆	BM₂	BM₃
最大长	左	352.0	324.0	354.0	315.0	325.0	323.0	315.0
	右	347.0	326.0	349.0	315.0	332.0	325.0	316.0
中部最大径	左	18.9	16.1	15.6	15.0	15.3	11.1	13.0
	右	19.2	16.1	17.2	15.8	16.2	14.5	13.1
中部最小径	左	13.0	11.2	12.0	9.7	10.4	9.7	11.5
	右	11.3	10.2	11.4	10.0	11.1	7.7	11.0
最小周长	左	37.0	35.0	42.0	35.0	31.0	32.0	32.5
	右	40.0	36.0	40.0	35.0	35.0	35.0	29.7
长厚指数	左	10.51	10.80	11.86	11.11	9.54	9.91	10.32
	右	11.53	11.04	11.46	11.11	10.54	10.77	9.40
横断面指数	左	68.78	69.57	76.92	64.67	67.97	87.39	88.46
	右	58.85	63.35	66.28	63.29	68.52	53.10	83.97

原载中国人类学学会编《人类学研究》，中国社会科学出版社，1984年

荆竹坝M18号崖棺两具尸骨的鉴定

    四川大学历史系考古专业林向先生等，于1980年暑期在四川省巫溪县荆竹坝清理了一具大约为西汉时代的崖棺（编号：M18）。棺内有残破的颅骨2，分离的残左上颌骨1、残颞骨1，下颌骨1和几个上下肢骨以及少数椎骨和肋骨等。各骨残缺甚多，大都呈白色或灰白色。颅骨内面、肱骨、股骨、椎骨和其他一些碎骨表面大部分呈黑褐色或蜡黄色；各骨有机质消失殆尽，十分疏松，以手触之即有剥落之虞。显示曾经火烧和熏烤过的迹象，可能属于二次葬。

    笔者受托对骸骨的性别、年龄和有无"打牙"（拔牙）或其他风俗习惯的遗迹等进行鉴定。现将初步结果简报如下。

一、M18—2号颅

    M18-2号颅骨的最大长为178毫米、最大宽为134毫米，颅长宽指数为75.28，属中颅型。

    自额骨的鼻部和颧突以下，鼻骨、泪骨全缺失；右侧颧骨全缺；左侧颧骨的前下部损坏，而左颧弓完整；右上颌骨缺失，颅底损坏不大；眉嵴不显，额部隆起显著，额结节亦较明显；两侧顶骨自冠状缝向后至顶结节一带有明显的冠状凹陷，顶缝的前囟段亦稍凹，使顶结节显得更为突出。这种现象表明死者生前有以头顶负重的习惯（关于这个问题将于另文中专门加以讨论）。

左侧乳突后方枕乳突缝处有一由颞骨和枕骨缺损而形成的大腹瓶状孔洞；其上部正抵星点，底部落于项平面上，最宽处约为15毫米，最高处约为23毫米；"瓶"底部前缘向内侧稍后有一条长约16毫米的破裂缝；枕鳞左侧从星点后上方约4毫米处，有一从人字缝走向下后的长约13毫米的破裂缝接着向后延伸18毫米；转拐处距孔洞后缘约7毫米；孔洞周围骨表面平匀，无任何形状的突凹；这部分骨质呈咖啡色。

右侧乳突上方13毫米处，从人字缝开始向内上有一弯曲的长约30毫米的破裂缝；右侧乳突后方枕鳞上相当于枕骨大孔后10毫米的部位，从枕乳突缝开始走向内侧有一长约20毫米的破裂缝。

孔洞和各破裂缝显然非疾病所致，很可能是被人按倒在地以硬器打击左侧头部造成孔洞和破裂缝，并由于用力很强，右侧的相当部位亦撞击破裂，因而致死。

颅基底缝和其他诸缝皆未见愈合，下颌骨的骨质朽败程度和颜色与此颅骨相同。拟M18号"崖棺"清理者的介绍，此下颌骨和M18—2号颅是放在一起的。经检查，此下颌骨的关节突与M18—2号颅的关节窝能够符合。下颌左、右侧第一恒磨牙已萌出；两侧第二恒磨牙皆未出槽；左恒尖牙尚未萌出，其牙尖距齿槽缘约3毫米；右侧恒尖牙由于气候的长期冷热变化和其他自然因素的影响，牙体在齿窝内破裂，牙冠上部断离而脱失；其齿槽缘骨质无萎缩或吸收现象。左右侧第二乳磨牙具在；左侧第一乳磨牙尚存，但其牙冠也部分自然缺失。右侧第一乳磨牙已脱落，第一恒双尖牙尚未萌出，但其颊尖几与齿槽缘平齐。

左上颌骨残体亦具混合牙列。第一恒磨牙已萌出，第二恒磨牙尚未突出齿槽，恒尖牙和恒第一双尖牙都未萌出。第一乳磨牙已脱落，第二乳磨牙尚存。

上、下颌的恒中切牙和侧切牙都已脱失，其齿槽缘和齿窝骨质也都无萎缩或吸收现象，说明这些牙齿之脱落乃死后由于某种原因所造成，不是死者生前有意"拔"掉的结果。

从上述颅骨和牙齿萌出的情况看，M18－2号颅可能属于一个10来岁的女孩。

二、M18—1号颅

M18－1号颅骨的最大长为179毫米，最大宽为135毫米，颅长宽指数为75.42，属中颅型。

自额骨的鼻部和颧突以下诸骨皆缺失；枕骨上项线下前约20毫米处以前的部分全缺，实际只剩一颅腔。额部较低平，额结节不甚明显，眉嵴微现。左右顶骨自冠状缝向后至顶结节一带范围内有轻微冠状凹陷。这大概是生前习惯以头顶负重的结果。颅骨的骨缝未见愈合。

M18号崖棺内所有长骨的干骺都未愈合。除符合于10来岁年龄的长骨外，属于M18－1号颅的股骨头、大转子、小转子及股骨远端骺都未愈合；肱骨头、肱骨远端骺，尺骨的鹰嘴和桡骨的小头也未愈合。这样看来，死者的年龄不到16岁。就长短相对而言，属于M18－1号颅的右股骨附以远端骺其长度为368毫米，右桡骨干长179毫米；属于M18－2号颅的左桡骨干长146毫米，可以推断M18－1号颅所属者生前比M18－2要高大些，说明M18－1死时大于10岁。结合颅骨的表现和长骨干骺愈合的情况和骨干的长度，M18－1号颅大概属于一个14－15岁的男孩。

三、小结

荆竹坝M18号"崖棺"内2具尸骨，一具有10来岁，可能是女性，另一具有14－15岁，可能是男性。未见有"打牙"或"拔牙"的可靠迹象。从珙县"僰人悬棺"的10具颅骨中发现有6具显示生前实行"打牙"的风俗，但都是20岁以上的成年人。因此不能排除西汉时代荆竹坝一带的居民有此风俗的可能性。但荆竹坝的2具西汉颅骨顶部的冠状凹陷情况，也见于珙县已发现的明代"僰人"10具颅骨，说明生前可能都有以头顶负重的习惯。两地崖葬之民，虽时隔千余年，相距千余公里，但从都有以头顶负重的风俗习惯迹象看，可能有某种历史关系。

一棺入葬二孩，可能为一男一女且系二次葬，其中之一据推测乃被打伤致死。这些情况所反映的值得推敲的问题，留待考古学家去解决吧！

原载《民族学研究》1982年第2期

西南考古

四川古代的白人坟

川南的「白人坟」
Bairenfen

重庆近郊的建窑遗址

四川古代的白人坟①

在叙府之南，川滇边境，传说有白种人的墓葬，汉人称之谓"白人坟"。作者曾就此事与某些汉族和少数民族的人谈论过，他们确证见过这些东西。

据说在安置于悬崖绝壁的铁棒上放着木棺。有些棺木腐烂堕于地上，内面发现有人骨、银镯和其他器物。有迷信说：人们占有这些棺材里的骨头、镯子和其他器物是不吉利的。

汉族的传说以为这些棺材是诸葛亮时期，公元225年左右，居住在这里的一部分白人的墓葬。伟大的诸葛亮告诉他们：如果这样地安葬他们的死者，他们的后代就会昌盛，否则就会绝种。

这些白人坟到底是什么人的墓葬呢？一种猜想是古代住在这一地区的汉人这样安葬死者，以免棺材被少数民族打开和劫掠。另一种可能是它们属于一部分从前居住在这一区域的掸或傣族人的墓葬，他们的后代现在被汉人称为摆夷（译者注：即今之傣）。有事实证明这一民族中或有某些人肤色是很白的。第三种说法是有一小部分白种人或称高加索

① ［美］葛维汉："Ancient White Men's Graves"，秦学圣译，原文刊《华西边疆研究学会杂志》第五卷，1932年。

种人某个时期曾在这一地区居住过，用这种葬法至少安葬了他们中间的某些死者，但对此我们尚未发现任何历史的根据。

译文原载《凉山彝族奴隶制研究》1980年第1期

川南的"白人坟"①

在本刊的前一期曾发表了作者的一篇笔记《四川古代的白人坟》。那篇短文中的资料是从一些看到过这些墓葬的汉族和少数民族的人士那里得到的。自那以后,笔者曾亲自对这些墓葬作了调查,并获得了更多有意义的资料。

在前一篇笔记中曾谈到悬崖绝壁上有许多木棺,放置在横插入绝壁的铁棒上。这是一些已绝灭了的白人或白种人的棺材。

继续研究的结果发现"白人"(僰人)并非白种人,而是周代、汉代、三国乃至可能更晚的时期居住在四川的一种民族的名称。《嘉定府志》记载僰人和僚人于周代末年,公元前225年,都居住在嘉定地区。显然这两个民族在秦汉时期已从嘉定地区消失了。《叙州府志》记载僰人在汉和三国时期或可能更晚一些居住在叙府境内,是以叙府有僰道之称。后来,可能在一个比较早的时期,他们居住在川滇边境叙府以南的洛表和珙县境内,在洛表附近现在有一个地点仍叫僰川沟,在罗星渡附近有一个地名叫僰人寨。《叙州府志》上有两句形容僰人的话,说

---

① 〔美〕葛维汉:"The 'White Men's Graves' of Southern Szechwan",秦学圣译,原文刊《华西边疆研究学会杂志》第七卷,1935年。

他们是"夷中最仁，有人道"和"诸夷君长，不及僰侯"。珙县和洛表的悬崖上的木棺就是他们遗留下来的。

作者于1934年的夏天到僰人坟的区域进行调查，并用望远镜作了广泛的观察。在一个比较广泛的区域内均发现有悬棺。在兴文县境内发现了一些，周家沟附近有一些，上罗、罗星渡和洛表附近的许多悬崖上有很多。洛表是一个中心，悬棺的数目最多。它们向南一直延伸到云南省境内的豆沙关，那里的绝壁岩腔可见类似的木棺。

很多悬棺仍保持在若干世纪以前放置的原位，但有些已堕于地面而散失无存。有许多绝壁上木棺已不存在，但那些用来插放支垫木棺的撑棒的方孔仍然清晰可见。

一般认为那些插入崖壁支垫木棺的撑棒为铁质的，但经用望远镜仔细观察，并且拾到过上面落下的棒块，可以说明它们是木头的而不是铁的。撑棒大多用很坚硬的木头做成，使得它们有可能在有遮掩的崖壁上经过若干世纪而不坏。

木棺不像现代汉人的棺材，不是用钉子把几块木板钉在一起。每一口棺和棺盖都是坚实的树干挖凿而成。两端用金属锯子很均匀地锯得光滑而平整。

支垫木棺的木棒是打入崖壁上凿成的一般为四五英寸见方的孔洞中的。

并非所有的木棺都悬置于木棒上。间或也利用天然凹陷，比如洞穴或崖面的突出部分，来放置木棺的，但通常是在上面有突出的岩檐使棺材不致淋雨而且人们难于到达的地方。在一个有遮掩的突崖上面并排放置了约二十具棺材。在周家沟附近有几口棺材放于齐整地凿成的岩腔内。扬子河谷的木棺可能与洛表附近的木棺属于同一文化，可以暂名之为僰人文化，因为它们都是放于悬崖上的天然凹陷处。

有少数木棺的底部已朽坏，从孔洞可以见到骨骼。有一具棺材底部还挂着一支股骨或肱骨。

据可靠资料，从有些木棺中曾经落下银质和玉质的戒指和手镯以及其他装饰品（一般相信拾到和使用这些物件的人将有灾祸）。这些装饰品和把棺材放置于高不可攀的悬崖上的技能表明僰人坟大概是属于具有较高文化的民族。

另一使作者感到重大惊奇的是发现在非常接近僰人坟的崖面有许多崖画。他们似乎不是美术作品，可能是放置棺材的人们所画的。有幅画好像是一个具有六个辐的轮子。棋盘格的图案可能是由竹席的方格文抄袭而来。有一幅画是一个人骑在马上，另一幅似乎是马棚中的一匹马。

那些用木棺入葬死者并把它们置于悬崖上的人到底是什么人呢？

我们迄今所能考证的是根据传说，这些死者是被他们的僰人亲属放置到那里去的。这些人在周代末年居住在嘉定一带，在汉代和三国时期居住在叙府一带。另外的资料表明僰人他们于汉代末年居住在珙县或洛表地区。诸葛亮来后，建议他们这样埋葬他们的死者，他们的后代才会昌盛。至于说他们是一支白种人这是有可能的，但是不足信的。有可能是汉族人为了防止周围的少数民族侵犯他们的死者而有这样的葬法。甚至有可能是僚人。他们大概是某一金属时代的一种少数民族，很可能就是僰人。要解决这一问题还需要受过科学训练的考古学家做些工作。

译文原载《凉山彝族奴隶制研究》1980年第1期

重庆近郊的建窑遗址[①]

　　1938年在重庆时，友人告知长江对岸黄桷垭附近发现了一些特殊的瓷片，并说那里新修了一条公路，建议我去看一下。4月13日我从储奇门过江在海棠溪上岸，登上了去黄桷垭的山岗，不久便发现了一个宋代窑址。它就是那些瓷片的主要来源。使我感到惊异的是这些瓷片显然属于典型的建窑瓷或所谓的"天目瓷"。除此而外，我在窑址未发现明代瓷或其他瓷类。没用多长时间，我就在这窑址采集到许多瓷片。另外还有一个黑色残瓷瓶；几个完整的红釉碗，其内面底部有一圈未上釉；和几个涂有深色釉的盏，一个残盏带有熟知的兔毫纹。这些器物光润美观，有红色的，也有黑色的，少数带有杂色斑驳。

　　建窑乃单色瓷，由红到黑，色调不一，通常都有很好的光泽；有些带有红色或黑色细条纹，称为"兔毫"；有些带有杂色斑驳，称为"鹧鸪斑"；外面底部通常不上釉。福建产者胎色深而黑，其未上釉部分经窑烧后变为红色。建窑瓷由于其产于福建的建安和建阳而得名。日本人称这类窑器为"天目瓷"，中国的河南和其他地区也生产这类瓷

---

① 　[美]葛维汉："Chien Yao Kiln Site Near ChungKing"，秦学圣译，原文刊《华西边疆研究学会杂志》第十卷，1938年。

器，但其胎坯常为白色或淡黄色。一种红褐色带有"油滴"（或无釉的小斑）的建窑瓷非常宝贵难得。

最常见的，至少是最为人所知的器物，乃一种小底圆盏。福建和河南产的这种盏底部凹而显出圈缘，内面底部釉很厚而凹如池，外面近底部釉层形成厚的边缘或滴流。这种瓷盏在中国、日本和其他国家享有盛誉。

除盏之外还有黑色瓶以及黑或红色的壶、瓶和碗等。碗常为红色，内面底部有一无釉的圆圈。

我以前在成都东门外13里处的琉璃厂宋代窑址发现过典型的盏、瓶、壶等。由于考古学家尚未承认四川出产"天目瓷"，尽管在窑址发现这类瓷器，我也未敢肯定它们是四川产品。事实上，在琉璃厂发现了许多这类瓷器，很难说它们是外地生产而偶然被带进这个窑址的。黄桷垭窑址的发现充分证明四川地区广泛生产建窑瓷器。我们甚至在邛州窑址采集到带有"油滴"的"天目瓷"。在四川各地的宋代和明代墓里多有随葬的瓷罐，内盛对死者的供品。上面一般都有"啃食"日或月的龙饰，有些还饰有几竖行上翻或下翻的小丘；由红到黑各种色调的都有；底部有不上釉的部分。这显然也属于"天目瓷"。

四川还制造"天目瓷"的后代产品，例如广泛使用的表面有光泽的褐色水罐就非常近似"天目瓷"，应与"天目瓷"有传统的关系。在中国瓷店里可以看到十分像"天目瓷"的碗，内面底部甚至也有一不上釉的圆圈。

译文原载四川古陶瓷研究编辑组编《四川古陶瓷研究（一）》，1984年

民族学研究

成都觋师的研究

成都觋师的研究

第一章　绪论

第一节　缘起

上古之世，中国以鬼神设教，于是巫觋之迷信，流传至今，仍为社会一般人民信仰之中心。虽历代皆有禁止巫觋之举动，而其势力之深入人心，牢不可破者，必有其所以能继续存在之原因。是以乃有研究之必要，又若巫觋原为中国上古宗教中，祭祀及祝诅之统称，而社会进步，巫觋因而吸收外来之条件，组成其强有力之宗教及巫术的系统，至今其复杂之内容，及其巫力之作用，尚无学者加以详细的研究。于是作者乃尽其所能，由历史的探讨，及成都当地实地考察之结果，草成此篇。因时间关系，未能详尽；且自思不妥之处，亦在所难免，唯希以后有机会再作补充。

第二节　研究的范围

本文在未谈成都觋师的内容以前，先就历史的线索，追溯其源流，找出巫觋的意义，及其起源发展的经过，以及对社会之影响；其次再把成都觋师的内容，及宗教巫术的实质，客观地叙述出来，并加以社会学及人类学的分析，使读者一阅而能对中国的巫觋，有一个正确的概念，不致再为其迷信怪诞之术所惑。

第三节　研究的方法

遍搜各种有关中国巫觋之文献，加以综合并分析之，以寻出中国巫觋之源流；关于成都觋师，实地研究方面，乃用的人类学方法，先与觋师发生经济上的联系，请他为自己诊病赶鬼，后进而作友谊上之交谈，以至询问到他们的内容，并用钱买他们的秘本及各种有关之实物及文件，然后找不同的觋师，用相同之方法，把所有材料相互参证，采其可靠者叙之，不可靠者，间或用作旁证。

第四节　研究的困难

就源流方面论，研究巫觋之有系统的著述，作者尚未见到，仅能就古今文献内，有关巫觋之断片的材料中整理，因无有系统的根据，必须要用考证的方法，所以研究起来，困难殊多；在实地方面来讲，经济的诱惑，可能收到一点效果，而时常陪他们吃茶、吃酒、吃烟或收买底本实物，花费未免太大。关于此文的实地研究，作者已用去法币近一千五百元；另一方面，觋师不知作者之研究用意，总不讲老实话，有时竟以各种不悦之表情给作者以难堪，或竟有问则不答，有时请他吃烟吃茶他都不理，即使坐到茶馆里，问他话时他假装睡着了，再不然就要向作者借钱，或用其他方法暗示要钱之动机。然而有时又以"千金不卖道"的成语来搪塞。凡此种种，皆使人感到很大的困难，有时作者跟随他们一同出去作法事，但他们不准用笔记录，单凭记忆，亦甚感到困苦。所好者，本文的研究，使作者又得到不少实地研究之经验，对研究技术之训练，确有很大帮助。

第五节　材料之来源

本文除各种参考书外，实际材料皆由觋师之口述，及其秘本中得来。各参考书已附注于各章之后，今特将直接供给材料之觋师姓名及住址列表于后，以资参证。

姓名	住址
梁岐山	丝棉街六十九号
孙世云	东城根街一百零六号
陈云洲	外东九眼桥三十三号
王清川	西门外石灰街十四号
李法师	东城根街八十二号
王仲康	丝棉街六十九号
陈银洲	太平南街七十三号
王玉成	康安街三十一号
匡永年	三元正街十六号
刘春庭	太平南街七十三号

其中供给材料最多者，为梁岐山，秘本亦由彼处购得。因其识字较多，同时任东区分会会长，由该处作为研究中心，时常可接触很多觋师，其他如孙世云、王仲康及李法师等，都曾供给不少可靠材料。

第二章 中国巫觋的源流

第一节 起源

"古人以天和祖先能够给人祸福，而天底观念的发展是由死生底灵而来。"①因此而有祭祀死者的事发生。

王子年《拾遗记》曰："庖义氏使鬼物，以致群祠，以牺牲玉帛祀神，则祭之始也。"②

"在《诗经》里常见祭祖先、先王、田祖、后土、高禖的诗句。无论是崇功报德，或祈福禳灾，都以天与祖为崇拜的对象。天与祖能保护生人，如一家底长老能保护他底子弟一样，一切崇拜都依据这信仰而行。故人死亦受其家人及后代的祭祀，祖先与鬼神之界限不明了，同有保护人和驱除恶灵之侵害人间底能力。"③

"祖先底灵与人交通，在古代的传说上很多。中国古时，人死未葬，立一个灵魂所寄托的重；既葬以后，立主。未殓向尸体礼拜；葬后于祭时使关系人着死者的衣服，以享祭品，也名为尸。葬后的主，等于未葬的重，尸等于未殓的尸体。立尸是中国古礼中特异的事。《诗经·召南·采蘋》底'于以奠之，宗室墉下，谁其尸之，有齐季女'。《北山·信南山》底'以为酒食，畀我尸宾，寿考万年'。《楚茨》底'先祖是皇，神保是飨……苾芬孝祀，神祀饮食，卜而百福……礼仪既备，钟鼓既戒，孝孙徂位，工祝致告，神具醉止，皇尸载起，钟鼓送尸，神保聿归'。所说底'尸宾''神保''神''皇尸'等名称都是指着代表死灵的人而言。"④

---

① 许地山著：《道教史》上编，商务印书馆，民国二十三年（1934）六月初版，第161面。
② 王三聘辑：《古今事物考》，商务印书馆，民国二十六年（1937）四月初版，第87面。
③ 许地山著：《道教史》上编，第161面。
④ 许地山著：《道教史》上编，第162面。

"从代表祖先底尸，渐次演进为专门祀神的及传达神意的巫。最初的巫，恐怕有一部分是从尸流衍而来。"①

由甲骨文的研究，古巫字作⚎形，象人两手捧玉以示祭祀也。可知巫与祭祀有密切关系（姜蕴刚教授口授）。

"巫之兴也，盖在上古之世。《楚语》：'古者民神不杂，民之精爽不携贰者，而又能齐肃哀正……如此则神明降之，在男曰觋，在女曰巫……及至少皞之衰，九黎乱德，民神杂糅，不可方物，夫人作享，家为巫史。'然则巫觋之兴在少皞之前。"②巫觋是否兴于少皞之前，尚无其他考证以资凭信，但吾人深信殷商之世，巫觋已大兴矣。

盖殷人能捕东海之鲸，采南山之铜，以贝壳为货币，以龟甲作贞卜，乃海滨民族之特征。睹海洋自然现象之变化，而不能理解之，辄以为神奇怪诞，故迷信鬼神及祖先之灵极深。一切事必取决于神，信仰古代阴阳甲子五行八卦之说，于是卜筮乃大盛。当时巫者能采用甲子阴阳等说，以迎合一般人民感情之需要，是以巫在殷代，盛极一时。殷中宗时有巫咸以能巫而致为贤相，为中国巫者执政之始。足见殷商之世，巫觋在社会上之作用甚大、地位亦很重要③。

《说文》："巫，祝也。女能事无形以舞降神也。象人两褎舞形，与工同意。"又："觋，能齐肃事神明者，在男曰觋，在女曰巫。"成都之巫，自称觋师，即源于此。

"巫在原始时恐怕都是女子，她能以歌舞降神，预言吉凶。春秋战国时代，人君信任巫觋的事很常见，楚国的巫风最著，在《楚辞·九歌》中如《东皇太一》《少司命》《东君》等篇所记底灵保，与巫的服装与行动，都可以想象年当二八的处女，着美丽的衣服，执熏香的草，舞和鸣的鸾刀，歌婉转的声音，起婆娑的舞，从《诗·陈风·宛丘》也可以想象当时的舞风。'恒舞'与'酣舞'是巫风，因为歌舞是降神术

---

① 许地山著：《道教史》上编，第163面。
② 王国维著：《宋元戏曲史》，商务印书馆，民国十六年（1927）七月六版，第1面。
③ 姜蕴刚教授中国社会史课堂笔记。

的一种。《说文》：'巫，祝也，女能事无形以舞降神者也。象人两袤舞形与工同意。'巫也名工，故巫祝又称工祝。大抵初时巫祝以女人为主，而男子较少。《礼记·檀弓下》载穆公因天旱以暴巫，县子曰：'天则不雨，而望之愚妇人！'《史记·西门豹传》也说巫为老女子。《汉书·地理志》说：'齐襄公令国中民家长女不得嫁，名曰巫儿，为家主祀。'可见巫为老女子。"①

自周迄汉，女巫盛行于世。"三月初巳日为上巳。周礼，女巫掌岁时，以拔除疾病。"②"《郊祀志》言：长安置祠祀官、女巫。"又"《广陵厉王传》言：使女巫李须下神祝诅。"③"汉武帝时方士及女巫多聚京师，女巫往来宫中。"④汉以后至于明末清初之际，女巫仍存。《红楼梦》第二十五回内所叙之马道婆，用巫术使贾宝玉及王熙凤得遇五鬼。我们相信至少在当时社会，女巫仍然流行。然民国以来，所有之女巫皆流入旁门，不能施大法术，非巫觋之正统，能继承中国古代巫术者，皆为男子，即今所称之端公或觋师。

第二节　发展

中国的巫觋源于祭祀，而至殷商之世已为人民精神寄托之中心。

由甲骨文中之卜辞，得知当时人民之各种疑难问题，皆求诸卜筮，安阳殷墟出土的铜器，有瓠及爵证明当时祭祀很盛行。而司祭祀及卜筮者，多为巫，可推知商代的巫觋，恐已能采取上古阴阳甲子五行八卦之说。亚拉伯人"于房屋及舟船之上施以符咒，即可免水火之

---

① 许地山著：《道教史》上编，第163面。
② 王三聘辑：《古今事物考》，第11面。
③ 瞿兑之著：《汉代风俗制度史》前编，北平广业社，民国十七年（1928）六月初版，第32面。
④ 见《辞源·巫蛊条》，商务印书馆。

灾"①。并有铜瓶禁鬼之法②。古代巴比伦人悬符箓于门上，以避瘟疫③；还有色列特人（Celtic）亦用符咒禳解灾祸，并用草人或纸人代表仇敌，施行害人之巫术④。凡此皆与中国之巫觋相类。如今中国南方的跳神师公、跳神师婆、童子和北亚洲的跳神师（shaman）一样⑤。

"禁厌符咒不知起于何时，多半是由南方的巫传来的。《封禅书》说越国巫道多用禁咒禳鬼，《后汉书·费长房传》记，长房从仙人受仙法，归时又作为一符曰'以此主地上鬼'也是一种护符。总而言之，从巫出来的禁咒法，随着巫道盛行于各地。吴越荆楚最盛行，故可以说咒术起于南方。后来在蜀鸣鹤山所起的天师道，以符水治病，都从南方的巫术发展而来。《抱朴子·至理第五》也说'吴越有禁咒之法，其有明效'。也可证明南方禁咒的盛行。《抱朴子》及《汉书》中'禁咒二字常见，至于符箓、厌胜等事，或者在后汉时候才有'⑥。"

古代亚拉伯巴比伦及色列特人之巫术，皆有符咒禁鬼等法；又中国南方的巫与萨满教徒一样。而中国之符咒又起南方，虽不知各民族之巫术及中国巫术起源之先后，但可推知中国巫术恐与亚拉伯及巴比伦之巫术有关：尤或吸收了分布于西北利亚和东四省及中亚一带之萨满教（shamanism）的一部分内容而奠定了中国巫术的基础⑦。

中国的巫觋在孔子以前很有势力，不仅在民间占有重要地位，即天子亦很重视之，常延巫觋行祭祀禳解之仪；周代并设巫官，至孔子时其势力已稍减矣⑧。

东汉时代，有张陵在四川鸣鹤山创立道教，采用巫觋之符水治病

① 《伦理宗教百科全书》卷下，商务印书馆，民国十七年（1928）初版，第607面。
② 《天方夜谭》，渔人的故事。
③ 《伦理宗教百科全书》卷下，第608面。
④ 《伦理宗教百科全书》卷下，第609面。
⑤ 许地山著：《道教史》上编，第165面。
⑥ 许地山著：《道教史》上编，第175—176面。
⑦ 参考Encyclopedia of Religion and Ethics，magic of Chinese.
⑧ 《伦理宗教百科全书》卷下，第610面。

法，恐当时巫觋已由南方传至四川。到了唐代巫觋之道更为盛行。"元宗之封东岳也，用老巫阿马婆以狱神；王玙之相肃宗也，分遣女巫于各州县，恶少数十人随之，所到横索金帛；棣王琰之二孺人争宠也，密求巫者置符琰履中以求媚……奉巫觋为神圣，号巫觋为天师，不但用之医病祈福祈雨也，即升迁之事，亦决之于巫觋。"①

《宋史·李惟清传》："以三史解褐涪陵尉，蜀氏尚淫祀，病不疗治，听于巫觋。"②足见宋时四川巫觋之术，仍很盛行。

据成都觋师称，四川之巫系由湖广传来，全川之巫觋皆同，唯与湖广稍异耳。

第三节　职能

"巫底职能分化越多，渐次分为专掌典礼的祝。祝主知神明的位次、牺牲器服的数目，颂祷之辞，祝咀之文……巫与祝的分别在前者为宗教的，后者为典礼的。祝是奉祭祀，作祷辞的官吏；巫只能降神预言吉凶，为个人的事业……宗是巫最高的地位。古时巫介在人神之间，通上下之意，后来分为巫与祝。由祝而进为宗。宗是《周礼》六官之一，周时祝宗的地位比巫高，巫只有巫官之长、司巫二人，资格为中士，其外巫师四人也是中士，司巫以下之男女巫很多，都没有爵位，只听命于司巫以行法术。祝就是大祝小祝，大祝有下大夫二人、上士四人辅助他，小祝有中士八人、下士十六人辅助他。王后世子的大丧，有丧祝，上士二人、中士四人、下士八人；讲武治兵与兵祭时底甸祝，有下士二人；会盟时告神明底诅祝，有下士二人，看来祝底资格为下大夫及上士，而巫不过中士，宗的领袖是大宗伯了。"③古代巫祝宗虽阶级不

① 张亮采著：《中国风俗史》，商务印书馆，民国二十四年四月（1935）第二版，第123面。
② 张亮采著：《中国风俗史》，第146面。
③ 张亮采著：《中国风俗史》，第170—172面。

同，而其职务皆属降神及祭祀典礼之类，此外巫与古代的傩亦属一流。

　　古代所行的傩，也是驱鬼逐疫的巫术。季春仲秋季冬都有傩，
季春是有国者傩，仲秋为天子傩，季冬有司大傩，及于庶人……巫
也参与傩事……如《搜神记》所说颛顼有三子，死而为疫鬼，一居
江水为疟鬼；一居若水为魍魉鬼；一居人宫室善惊人小儿为小鬼。
于是正岁命方相氏傩，以驱逐它们。方相氏的形状见于《周礼·夏
官》。当傩时，狂夫四人，蒙龙皮，黄金色，四目，元衣朱裳，执
戈扬盾，表示他的威猛……古代的傩为今日乡下道士驱鬼的前影，
不过人数与装束不同而已。西藏蒙古的跳鬼或打鬼，相传是纪念古
时佛徒刺一个毁法王的庆典，但也与傩的意味相差不多，大概也是
从古巫术流衍而来。[①]

　　根据许地山《道教史》上编第七章，把中国巫的职能分为六类：
　　一、降神　神附在巫的身体上，能视鬼怪。自汉迄今仍行之。目
前成都之觋师，在烧蛋之法事中及出灵官时，皆有降神视鬼之作用。
　　二、解梦　古人以为梦是一种预兆，乃神表示意思于人的方法之一，
只有巫才能了解。古有桑田巫为晋侯解梦等说，而今之巫不重视之。
　　三、预言　古巫能说未来之事。现在巫觋的卦亦古巫预言之遗留。
　　四、祈雨　古时常以女巫祈雨，后来道人恐学袭了巫者祈雨之
法。如今祈雨多求道士，延巫觋祈雨者甚少。
　　五、医病　巫与医最有关系。古有彭巫作医之说。古巫医病亦用
药草。但多以为病疫乃鬼怪附体所致，故以符咒禳解之法祛病，很普
通。今之巫觋医病多用巫术，以单方疗时极少。
　　六、星占　周秦时代中国学者以明天道为尚。因此星占术盛行。
到了汉代风气仍存，《汉书·艺文志》所录之阴阳天文历谱诸家的书，

---

① 张亮采著：《中国风俗史》，第178—179面。

都与星占有关。古之卜筮，及今之打卦，皆星占之表征。

中亚及西伯利亚之萨满教的巫者亦有降神、预言及医病等作用[1]。恐与中国之巫有关。

由上所叙巫之职能看来，皆属古巫之类。而事实上在古代行害人之巫术者亦复不少。汉时流行的巫术中有一种称为蛊。"盖以桐木为人，埋地中以针刺之，诅其死也。"[2]"江充以巫蛊谗害戾太子。""其因巫而陷死罪者，戾太子一案，前后已数万人。""《周礼》'庶氏'注，郑司龙引《贼律》，敢蛊人及教令者弃世。"[3]可见汉代凶巫术已很盛行。

明代"师巫盗窃庙中神首，以为魔魅，收阴兵以作下坛……《松江府志》曰：松俗颇尚淫祀，信巫师，至有为神娶妇之事。《上杭县志》曰：汀俗尚鬼而杭邑巫觋装魔设醮。建坛郊外……妇之不孕者惑其说，解袒服付巫者，名为斩煞，以煞去而身可孕也"[4]。凡此皆为不正当之巫术，虽为当时所禁止，而人民信之仍坚。至今虽觋师在学徒毕业时，要赌咒不行害人之巫术，然而民间则皆相信其有施行害人的巫术之能力，故对觋师极为尊敬，开口法师闭口先生的称呼，不敢得罪。目前觋师职能之本质，也不过同古巫一样，靠鬼神生活，劝人迷信，以行其骗人钱财之术。

第三章　成都觋师之概论

第一节　人物的分析

觋师守旧心甚牢，乍看起来，极不顺眼。冬春之际，尤多戴尖顶

---

① 参考Shamanism, Encyclopedia Britannica，第十四版。
② 瞿兑之著：《汉代风俗制度史》，第230面。
③ 瞿兑之著：《汉代风俗制度史》，第229面。
④ 张亮采著：《中国风俗史》，第164面。

瓜皮帽者。光头长袍，纸烟常不离手。衣袍褴陋，随地吐痰，见之者无不以流民视之：有许多眼珠凸出，面呈乌青色，几乎都有营养不良及精神变态之现象。同时他们都是袍哥，思想亦极杂乱，因此，与之交谈，多语无伦次，实在令人作难。

觋师生活单调，经济常形窘迫，自称凡有真正法力之觋师，则必占鳏、寡、孤、独之"字"。此乃古代帝王加封过的事实，永远不会改变。故觋师之日渐没落，他们自己乃以为法力无边之象征。除了普遍的自尊心外，对同行亦多歧视，总以为别人的法术无自己的高明。但对外行则甚自卑，作者曾与各觋师，都谈及从其学徒之事，皆云："你们做官的人，哪里能学我们这种讨饭的手艺，不过是想懂得一点内容，作为谈话的材料而已，不敢说教徒弟，只能站在朋友的立场，大家研究研究，只要互相对得起就行了。"因不良嗜好很多，每日所得之钱，不敷支用，故常乘机向人借钱。

他们的合作精神非常可嘉，一有大法事，有一人承担，然后再请其他觋师帮助，事后分账。如用具不够，则可互借，但得算钱。唯知识程度太差，往往内部发生纠葛。

第二节　组织及分布

成都觋师，在民国三十一年（1942）八月以前，也有过同行的组织，各成都觋师公会，但很散漫，无合理及合法的机构。至三十一年九月方正式成立"成都县觋师业务改进公会"，在成都县县政府及县党部登记备案。其办理登记之通告有文曰："——兹因本会觋师同人等，处此强寇侵略之际，须无力前方浴血杀敌之能，当负后防祈祷救生建国之任务。古云国家兴亡匹夫有责，希望觋师同人共尽其天职，应于争先踊跃，到会登记，集成团体，一致抗战到底，则觋师同人幸甚——"虽然文法欠通，错字连篇，要亦可表示其知识水准之一般。其所谓改进公会应行改进之事项有二：一为其最感困难之法事，如"赶梅山"即半夜起来不穿衣服赶鬼，冬天颇不好受，故由公会列入禁止之列，以便用作托辞。但有人大价聘请，亦不妨应办。其次，作法事时之不雅之诀词，应改为有关宣传抗战者。如在劝鬼时之诀词有一段曰："——厨子鬼，本够逗，请你做席要偷肉。老师傅，不偷嘴，手上捏个鸡腿腿；幺师弟，爱尝汤，嘴巴烫得光生疮；老师傅，着了忙，他在厨后偷香肠。主人婆，来看到，说他厨子偷了肉。干盘子，未摆够，二人拉扯去赌咒。厨子赌了一个伤心咒，他说道，我厨子若是偷了她的肉，九百九十九岁短阳寿。裁缝鬼，稳得住，请你缝衣要偷布。主人扯了一文阴丹布，请你去把活路住，你就偷了两尺布。拿回家去，与你妇人缝了一条短腰裤，缝衣又缝短了，穿又穿不住。一叉一叉不好走路——"以上虽为公会禁止，但仍常用。

成都县觋师业务改进公会之会员，包括全成都及附城各乡镇之觋师。唯城区尚有少数人未登记，乡区仅新店子、中和场及石羊场之觋师已经登记。公会内部组织为总会，及东区第一分会、南区第二分会、西区第三分会、北区第四分会。总会下设理事长一人、理事四人、监事一人及后补监事二人。每分会下设分会长一人、文牍一人、庶务一人、交际一人、监察一人（由总会理事一人兼住）。

成都觋师有一种描写四门觋师本领高下之口号曰："东门打，北门假，南门丑，西门瘟。"盖言东门一带之觋师，注重法事之内容及仪式，打锣鼓及跳唱都很精熟；北门一带者多讲究外表，衣服穿得漂亮，内容都很空洞；南门一带的觋师，偏重化装奇怪，表情动作很是不雅；西门一带的觋师，外表内容都很不行，故名曰瘟。此口号乃听一东区之觋师讲的，亦可概见其同行相妒之心。

成都现在已登记之觋师共一百六十五人，内中有少数无一定居住之所，经常帮助其他觋师作法事，流动生活；尚有很少数未登记者。全城觋师共约两百人，包括未登记者在内。外来之端公，不加入公会，而擅行业务者，公会得干涉之。此即加入公会者之权利，其义务为入会费一元，证章执照费共二十元，公会必须遵守主管机关之各种法令，会员亦不得违反公会之规定。

　　各觋师分布于市区各个较清静之街道。凡热闹街市则没有觋师的铺面。兹列举东区觋师之住址于后，以资证明。

成都东区全体觋师姓名住址表

姓名	住址
梁岐山	丝棉街
陈银州	太平南街
许双发	菽子街
王玉成	康元街
刘春廷	太平南街
曾绍云	太平横街
唐俊峰	金龙街
贾全安	三官堂街
蒋占全	香巷子
许国禄	菽子街
李华贵	东安街
王正新	五橦庙
张海廷	福字街
陈锡麟	福字街
包华龙	龙潭寺
郑自星	龙潭寺
包华新	龙潭寺
黄海清	古佛寺
王福林	赵家坟园
吴发新	青莲下街
邱永福	老古庙
萧开富	老古庙
杨文光	三官堂街
吴云发	书院东街
陈扬明	书院东街
刘金发	福字街
郑文	星店子
张成清	彰灵寺
罗春廷	高板桥
林辉廷	龙潭寺

第三节　学徒之过程

觋师传业，弟子要给师父米、衣服及金钱的报酬。故抗战以来，几乎无学觋师者。抗战前学觋师者，先给师父钱二十四元；并为师父做新衣服及鞋帽一身；拜师时给师父钱十二元，作为见面礼。此后即可住在师家。吃其师，但每年送其师白米一石二斗。三年毕业，毕业时举行盛大仪式，由学徒恭请同行及恩师（本师）、成师（成全人）、举师（举荐人）、保师（保证人）等人吃酒。命弟子盟誓永远不做害人的巫术，然后当场传授一套秘密总诀。此诀不能先传授给弟子，因怕弟子打翻天印，弃师而走。此种总诀乃觋师人人皆知者，总诀传授毕，再给弟子卦一付，名曰盖卦礼，与僧人之传递衣钵有相同之意义。最后再发给阴阳二凭，上面皆同样写明其师父祖等之传递系统，并注明能命令阴兵阴将之数目，并由师父及证明人盖印，然后当场把阴凭火化，通告阴司各界，持阳凭即可向公会登记行业。阳凭至该人死时，即用火焚之。

第四节　传说及道统

巫觋的历史，觋师自己都不知道。所以关于巫觋的传说，他们也各有各的说法。特将其各种传说录出，以供学者参考。

老子骑驴出函谷关时，创了此教，即巫教。到列国时已经没落。后有王灵官受孕妇敬拜，而染了污气，不能归位，乃找到晋侯之大夫桑田①为之解污。桑田要求灵官曰："今后吾教弟子，遇有法事，报上三声名字，你得无条件听其使唤。"灵官允之，此后巫教乃大盛。一日桑田言，晋侯将不食新麦而亡。晋侯不信听奸臣之言杀桑田，刚把新麦面

① 晋侯梦大厉坏大门及寝门而入，公觉召桑田巫，巫言如梦，又言不食新矣。后竟如言。尚秉和著：《历代社会风俗事物考》，商务印书馆，民国二十七年（1938）版，第331面。

做的馒头拿到口边，即腹痛而死。桑田之灵遂隐去。其子乃传其道于后世。又有五马太守赵侯因逢荒旱之年，饥民呼叫不已，乃辞官不做，至茅山从老君学法，学成转来遇蓝蛇作怪，一年一小祭，人民必要朝贺；三年一大祭，要用童男童女各一，十分残忍。赵侯乃用法术把蓝蛇收住安于坛上。赵侯圣主把法术传给毛人熊虎，熊虎乃宋朝之觋师，与人斗法，以师刀令牌为武器。后传法给郭氏三郎。郭氏三郎传给五路五猖——东西南北中五猖，乃五兄弟。此后传给何人，便不知道了。唯常唱"湖南湖北传教起，河南河北开教门"。

上述传说，固多荒谬之辞，唯与下章讨论坛神时，颇有关系。

虽然他们对自己宗教的历史，都很漠然，但对自己的宗师传统，却很重视。各人有其师父祖师的道统谱系，作法事时必先默念一遍，等于把那些宗师都请来了。兹举南打金街三清雷坛主人梁岐山之宗师谱系为例：刘法雷，刘法通，黄法胜，王法云，白道玄，胡法清，李法云，黄道尊，白玄清，李法胜，李法雷，崔文师，陈法清，周法旺，周法静，周法清，李法文，李法通，刘法静，马法灵，周法灵，李成富，崔法尊，王法泰，徐通印，郑法龙，郑得胜，张得胜，蒋法正，许法炳，黄全清，李法贵，梁岐山。

由此例可看出同名异姓、同姓异名者不少，且还有同姓同名者，足见其为伪造无疑。

第五节　对社会之影响

成都觋师虽有两百人左右，但每天都有人来请他们作法事。大的法事都在晚上作，以为鬼的活动，在夜间最多。请觋师诊病的人，多半为妇女、小孩及商人。间或也有军人及摩登妇人，但占少数。据作者实地考察，有一些人请觋师到家中来为病人作法事，并非坚信其法术之威力，乃是因为社会关系之所致。似乎请了觋师来，在家中大闹一番或许可以使病痛减轻，一则也算对病者尽到人事，问心无愧；另一方面在向街坊邻居表示豪华，好像不如此不足以显示其社会地位似的。因为作者参加过几个在病者家中做的法事，当作法之际，亲友街邻都送钱纸蜡烛，以示敬意。主人则留这些客人吃面，并观看觋师之各种歌舞。本来请觋师看病是很小的事，然而必要闹得像死了人或结婚时的仪式那样的隆重，几乎成了一种社会风俗。

成都各街道及附城乡镇之土地庙侧皆有坛神，乃当地居民请觋师来创设的。每年要庆坛神一次，大作法事。否则坛神要作乱，使一方之人民财产牲畜都不吉利。按此种坛神与每个觋师家中，所供坛神相同，可见觋师对社会之影响甚大。

第四章　奉祀之对象

第一节　泛论

觋师所信仰之鬼神甚多，就鬼的方面来说，有什么人就有什么鬼。他们常说："上元甲子头痛鬼，中元甲子腰痛鬼，下元甲子脚痛鬼，威州茂州蛮子鬼，成都华阳近处鬼，担葱卖蒜鬼，吃粮当兵鬼，推车抬轿鬼，生意买卖鬼，打铁补锅鬼，蛇咬虎伤鬼，岩崩树打鬼，投河落水鬼，悬梁自缢鬼……"觋师对于这些鬼，所采取的态度是硬性的，完全施用法力控制，不加奉祀。其所奉祀之对象，完全为神，而所有之神，又很复杂，举凡道教神祇、古圣先贤及对国家有功之臣，皆予敬拜。而其主要之神则分四坛：即上坛中坛下坛及财神坛。上坛即圣母坛又呼为花花坛；中坛为老君坛，皆道教之神；下坛为五猖坛，奉的是五路五猖；财神坛即坛神。四坛在觋师神坛内供奉之形式，如图。

一进觋师之门，即看见神桌上供的是太上老君及其他副神；桌下地上供的是五猖之牌位；老君坛之上，有一神龛内供的即圣

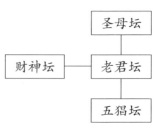

母坛；老君之左壁上贴有一大红纸，上面榜列很多神的名字，此即财神坛，又名坛神。特将各坛之详情，详述于下列各节。

第二节　圣母坛

圣母坛乃觋师之正神，向守秘密绝不传人，作者费了很多工夫，方能探得。觋师之禁忌，即在不准随便提说有关此坛之任何神灵。据说此坛最灵验最厉害，能使物件搬家腐烂，并能使人疯狂作怪。此坛之主神为三霄圣母，其与本坛副神排列之位置如图。

所谓三霄者，金霄、灵霄、碧霄之谓也。乃封神榜内摆金光阵之三女将，法力无边。毛人熊虎乃觋师之宗师第一代；三元将军唐郭周，即唐文明、郭文宣、周文圆，此三人之名字，乃觋师之秘传，只有觋师方能知道，恐怕觋师考察别人是否真正同道，亦以此为标准。

各坛之神皆能看到，唯有此坛之神看不见。把此坛之神用法术诀令，放入一内装黄泥、约五寸高六寸直径之圆竹篓内，或同样大小之铜或锡钵内，此篓名"五更鸡"，置于上坛之神龛内供奉之。

三霄圣母
毛人熊虎　引阵先锋
阵太童子　小山人马
守坛刘子云　把坛刘太保
　　　　　三元将军唐郭周

第三节　老君坛

老君坛内供奉之主神，为太上老君，其次是王灵官及真武祖师，副神为十大元帅、城隍、灶君及门神，其位置之排列如图。

此坛之神，完全与道教所奉者相同。觋师作法事时皆以奉请此坛之神，为驱邪之凭借。据道教之传说："老君即老子，黄帝时转世为广成子，少昊时转世为随应子，最后住于玄妙玉女之胎内者八十一年。玉女因偶游李树下，有从天降之流星入其口，遂从左胁开而生老君焉。其

四川省文物考古研究院名家学术文集

生时即系白首，故云老子。"

　　王灵官，为王枢火府之天将，凡道观大门内，必奉此神位，恰如佛寺中之山门守护神。其道术高明，天将从其游而受法，后遂为道教之护法神。明成祖时因其曾显示神迹，故渐被人尊敬，以至于今日。

　　城隍，实周礼蜡祭所奉八神之一，从水庸而变化者，盖水为隍而庸乃为城也。自吴之赤乌时代已特别被祝，后遂遍于天下。其神体往往为有功劳于地方者，例如在姑苏者为春申君，在杭州者为周新其人是也。

　　灶君，为五祀之一神，从向来之传说以十二月二十五日上天，报告世人行事之善恶，故于二十四日祀以送之，复于晦日祀以接之。

　　门神，为唐之秦叔宝及尉迟敬德二人，世人以其武勇而祀之。且相传亦能如神茶郁垒之御邪鬼焉。但门神之创始乃为前汉之广川王、将古之勇士成庆像，揭于殿门者是也。①

　　真武祖师，俗呼为披发祖师，乃道教领山门之神、朱雀之化身也。

　　十大元帅之传说不详，觋师自己亦不明白。

　　因为敬道教之神，故有许多觋师自称为道教，唯道士所作之法事，乃为死人超度亡魂；觋师乃为活人消灾减厄而已。道士认为觋师虽为道士，但比道士低一等，因为觋师之主要神祇为三霄圣母故也。

十大元帅
三清教庶太上老君
当府丨官灶君
真武祖师　城隍
门神丨秦军
胡帅

① 　参考傅代言编译：《道教源流》第三编，中华书局，民国二十三年（1934）五月三版。

第四节　五猖坛

五猖供于地上，在神桌之下，故又称下坛，乃驱邪时必请之神。法力很大，据觋师云，五猖乃五兄弟，姓张，家住湖北麻城孝感一带之九龙口；又有说乃青州青阳县人。父名张法王母唐氏，"大哥南朝为天子，二哥东海为龙王，三哥云中会跑马，四哥马上耍长枪，只有五郎年纪幼，年方十五看文章"。五人听说茅山有个法王，道法高妙，乃一同去学法。学成归来在长安立庙堂，刚把庙堂立起，五兄弟即升天。老君乃封五人为伍猖郎。即"东方青帝张大郎，南方赤帝张二郎，西方白帝张三郎，北方黑帝张四帝，中央黄帝张五郎"。但又有说五猖乃五鬼，恐与南方之五通及道教之五显有关。

按五代时四川有五鬼之传说，《红楼梦》第二十五回亦有五鬼之说，本文第七章第一节所叙觋师之捉邪法牒内，把五猖及五鬼，都当成能使人着魔之凶煞。可见五猖即使是神，亦属凶恶之至，能降人以灾殃。

据石羊场乡民之传说，以为五猖乃鬼王，系鲁班之弟子，故木匠很少有生病染灾者。又云：觋师生意不好时，半夜暗放五猖害人，而后受害者延之驱邪，则生意兴隆矣。因此乡民对觋师尊敬备至，不敢丝毫轻慢。

第五节　财神坛

财神坛俗呼为坛神，觋师之神堂所供者，与各乡镇街道所供之坛神相同。觋师之家中亦常代别人供坛神。据传唐明皇时，有法师名叶法善，法术精绝，能擒妖捉邪。一日明皇命宫女及大臣作乐于金殿下之地窖内，佯言金殿之下有鬼怪作祟，召法善来以术擒之。法善一听金殿之下，果然金鼓齐鸣，以为当真有妖作祟，急拔出苍蒲剑，往地下一指，

霽（日）

三清大道
兩班文武
太宏寶山鸞
前傳後教　張法真官　三洞梅山
十二遊尸　乾符童子
郎前童子　千千兵馬
風伯雨師
五通明王
化乾業主　九洲太子
引兵土地　茅山令上

伏羲　左殿天師
右堂龍樹

金　龍　樓

正軒豫臺帝御前趙侯聖主化現真人率統兵元帥郭三郎陰引諮露立招之位
為馬神將

霽（月）

神農
右殿老君　寶
右堂真武　寶
臨濟祖師
閬殿公卿
十極高真

八卦大臣
羅公譚師
雷公電母
歷代宗師
柳氏仙官
十二月降

殿　寶　閣　鳳

古老前人
鄉後郎君
七十二人

小山人馬
掃印仙官
歷陳元帥

金殿之下立刻寂然无声。明皇派人视之，则尽死去，而诸鬼不散。日夜呼向明皇讨命。明皇又召法善镇压并一一封之，且封法善为西蜀财神，即坛神。但觋师又云坛神之主神乃赵侯圣主，封神榜内赵公明之化身，被封为财神。并有歌曰："赵侯圣主不姓赵，本姓孙，二十八宿第一尊。"究竟如何，觋师亦莫能道其详者。爰将坛神中之各神，原式榜列于此以供读者研究。

由此坛神榜示看来，把所有觋师之神大半供上，中央一行为主神，两边之神写多写少均可。

《蜀故》卷八《风俗》："十月至年终祭坛神。坛神灌县令李冰嘉定牧赵旭也。治水有功，故农民世祭之，按巫人皆书赵侯、罗公，赵或是旭，罗则公远也。李冰自为川主，恐非坛神。"

所谓赵旭者，与道教之清源妙道真君赵昱，应为一人。

赵昱为神，始见柳宗元《龙城录》，而详于《川主三神合传》。蜀人亦祠之于灌口及川主庙内。青城有赵公山，即因其隐居而得名也。

《龙城录》云："赵昱字仲明，与兄冕隐居青城山，炀帝拜为嘉州太守。时犍为潭中有老蛟为害，昱持刀入水，左手执蛟首，右手执刀，奋波而去，州人事为神，太宗文皇帝赐封神勇大将军，庙食灌江口。上皇幸蜀，加封赤城王，又封显侯，昱斩蛟时年二十六。"

《川主三神合传》云："赵公讳昱……大业六年犍为冷源二河老蛟恣害，帝辟公守嘉州。公至，设械舟，拣壮士，率甲士千人，夹江鼓噪，已持剑披发入水，七人暨犬随入，与蛟连战一昼夜，石崖崩烈，潭吼如雷，二水尽赤，公手提蛟头，奋波而出，州人大惊相向失色，自是嘉民得免蛟害。公在官数载，多惠政，以世乱弃职，隐赵公山。未几嘉陵江涨，运饷者瞥青雾中公乘白马，引白犬，从数猎者过波面，水寻退，蜀民德之，亦于灌口立祠奉祀，盖缘留公貌，与崇德庙二郎像俨然相肖，故喧传公为李二郎再世，合奉公为灌口二郎神也。唐贞观十年，公托名赵道士，居利州，卖葫芦种。明年嘉陵江泛滥，漂流数百家，公坐大瓢拯民溺。有司具奏，封神勇大将军。天宝十五年明皇幸蜀，加封赤城王。宋真宗咸平六年，复以张咏知益州，刘旰王均之乱，公屡助咏破贼。事平奏闻，真宗封川主清源妙道真君。"

此外则《嘉定名宦志》，及《三教搜神大全》所叙，均大概相同，兹不备录。①

---

① 林名均：《四川治水者与水神》，《说文月刊》第三卷第九期水利专号，民国三十二年（1943）一月十五日。

由此可知，今觋师所供为坛神之赵侯圣主及罗公禅师，即清源妙道真君赵昱（或赵旭）及罗公远也。

盖中国巫觋之神并无一定，随时代及一般人民之需要而异，推想以前四川之巫，因觉农人对水神极为尊崇，乃投机假托赵侯之名为坛神，保护农民安全，不遭水旱之灾。故每年庆坛一次，借此觋师可增一生财之道。而年代久远，不知坛神之起源，乃妄加揣测，以封神榜中之赵公明与赵侯（昱）同姓，而讹赵侯为财神。按祭坛神乃四川特有之风俗，尤其成都平原，各乡镇路旁多有坛神之牌位。故以坛神为水神清源妙道真君之推测，当属可靠。又坛神内与罗公禅师相对之五通明王，也许与聊斋上所叙之南方的五通神有关。

第六节　其他

觋师所祀之神，除上述四坛外，还有"蓝蛇坛""梅山坛""游尸坛"和"神兵坛"。此四坛神现在已无人供奉，仅留其说而已。

其他亦要在此附带提及的，是供神的牌位。牌位上写的神，多与他们所供者有异，有时随便加些花样，以怪奇新颖为上乘，如下图。

有时他们出去作法事时，无纸裱的神像，则用纸写一些牌位，中间为主神，两边随便写上一些神的名字。足见他们对神，是随自己所欲而供之，并无尊卑之严格界限，所以作同样之法事，每次所奉之神不同。

本縣城隍主者輔德大王位　前奉火

香花　康玉老祖

迎請　解結斗姥

河南啟教喇嘛祖師位人馬

九天玄女

斗口靈祖

五猖

祖師三天扶教輔元體道大法師正位

押喉祖師

拷鬼真人

第五章 经典及符咒

第一节 经典

觋师本无经典，不过他们为了要应付需要，及维持他们自称为"道教"的尊严起见，便说他们自己亦用经典，但尚未见他们用过。

他们所用的经典有五种，即北斗经、三官经、观音经、灶王经、昭明上帝明圣经。其中以北斗经为常用，觋师在安定龙神时之法事中，要用北斗经。有时有些觋师不知道用何种经，或说没有经典，而且各人所说之经典名称亦多有不同，他们自己对这些经典亦不重视，并云这些经典都可向青羊宫取得，足见经典对觋师之重要性甚微。

第二节 符

符箓乃觋师之唯一法宝，任何病症邪怪皆用符箓诊治之镇压之，唯符的画法和形式，则"一个师傅一个传授，一个将军一枝令"。据觋师云，各人试画许多不同之符箓，采取试用灵验者用之，并传于徒辈。故各人画的符皆不同，然其形式却都大同而小异。有些符箓，亦为成都觋师所共用，兹就秘本中择数标准之符，抄画于后。

治邪符　　　　　　治瘟符　　　　　　催生符

保产符　　　　　退热符　　　　　六甲符

下胎衣

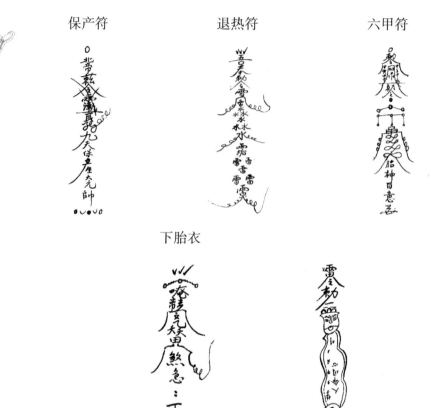

　　根据以上各符的形式看来，都是直立长形，有点像人形，据作者推测，恐系人体的象征，并有一符根本就画成人形。兹附录于此。

　　由各符比较看来，治邪符内有"雷"字乃表示雷公能治邪之意；治瘟符内有"灵"字，恐系象征灵官，雷火表示灵官之威力，能驱瘟疫；催生符内有"催生"二字；保产符内有"保产"之字样；下胎衣符内有"急急下"字样；退热符内有"雪"及"水"等字样，并各符上常有奉某敕令之字，以为这样就可发生效力。足见各符内皆含有与其所希望之作用相同之各种观念联想之表征，是为"感致巫术"作用，有"同能致同"的巫术情感的存在。

　　"巫术以其施行的原理来分，可成两种：一为感致巫术，根据同能致同的原理是联想的误用，以为相似的东西，都是同一的东西。"①
比如用纸写上敌人的名字，用棒击之则以为敌人即受棒伤，觋师画符，
既为人形，又云奉某敕令，及各种有关于所希望于符之功能之感情的表
征，当必为感致巫术之作用也。

觋师所画符之内容、形式与《万法归宗》内相似之处甚多，恐二
者亦有关系。

第二节　咒

觋师的咒皆默念，并不能告诉外人，故作者所知甚少，仅能由其
秘本上寻得一二，抄出以供参考。

高天君咒
仰启都天由便使　　注胎保产高天君
权衡三界馘魔令　　誓救众生苦难生
上除孤辰寡宿厄　　下殄血光蛊毒精
催生送喜施德泽　　生男产女沐洪恩
我今有请望来临　　大赐灵威加拥护

十大元帅咒
驱瘟扫邪　　遣鬼化钱
驱除疯魔　　收服妖怪
诸般瘟疫　　送之则灵

高天君咒于催生保胎时默念，十大元帅咒在送神后默念，又考其
内容，显与基督教之祈祷同具作用；与《万法归宗》内之各种咒语，亦

---

① 李安宅编：《巫术与语言》，商务印书馆，民国二十五年（1936）十一月初版，第2面。

有相类之情形。

第六章　法器

第一节　师刀

师刀乃觋师之武器。与道人之剑，有同样作用。唯觋师所用之师刀，除赶鬼驱邪外，尚用作占卜吉凶。其形状如图。

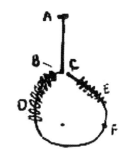

质料多为铁的，用铜亦可。长短大小皆无一定。有一觋师说，ABC共长二尺八寸，BC之大小不定。二尺八寸代表一年十二个月，一日十二时，一时有八刻。D为九个大环，代表九宫；E为八个小环，代表八卦；F为一最小之环，代表病者之本命。用时把刀拿在手中摇动，猛向地上一掷，由各环之交错，而断定所占之卦为何，然后根据底本，察出病者系撞遇何种鬼怪，刀上之环可以避邪，故有迷信者，常以重价购之，戴在幼童身上，以免灾难。

第二节　卦

卦亦为觋师占卜吉凶之工具，常与师刀同时掷用。质料多为南竹之根，以其坚实不易掷破。共有三副，每副二块，共六块。大小并无一定。而三副之大小各异，便于掷时识别。卦分阴阳胜三种，采用八卦之理，又分六十四爻。

卦之状如图。

A_1A_2为一副，B_1B_2为一副，C_1C_2为一副。

又有人说，三副卦表示乾三连；六块表示坤六段。

一块有六爻，共三十六爻。

第三节　令牌

　　令牌为觋师驱邪之工具，妖魔鬼怪一闻令牌之响声则立即退避三舍。形状之大小不等。一般的都是约三寸长，一寸半宽，半寸厚。据觋师说，大小形状原有规定，唯多不遵守。大小之规定有两种说法：一说长三寸六分，宽二寸四分，厚不定。三寸六分代表三十六天罡；二寸四分代表二十四气。另一说长六寸，宽二寸五，厚一寸，六寸代表三十六天罡，二寸五代表所统领之二十五万阴兵阴将，一寸表示一令既下万鬼伏首之意。

　　令牌必须要用雷打过之木做之，或吊死过女人之木亦可，以取其能避邪也。其形如图。

第四节　牛角

　　吹牛角乃觋师之号令，用以集合阴兵，并为病者喊魂招魄。其音呜呜，凄惨万分，闻之令人毛骨耸然，颇具魔力。牛角皆用水牛之角做成，一则因老子骑的是水牛，再则水牛角长便于吹响，其形如图。

第五节　印

　　觋师之印有六颗，第一颗上刻"符法真三宝"；第二颗上刻"惊天动雷神"；第三颗为"道经师宝"；第四颗为"北极驱邪"；第五颗为"五雷拷召"；第六颗为"雷霆都司"。皆为铜质，所有行往阴司之文书法牒及符箓上，不盖印不能生效。兹举一段觋师作法时之歌诀为证："……当初雷印十二颗，六颗阳来六颗阴。阴的六颗俱不表，阳的六颗要分清。第一符法真三宝，第二惊天动雷神，道经师保第三颗，北极驱邪第四名，五雷拷召第五颗，雷霆都司第六名，王马开起六颗印，见吾印信早投文，有印公文才去得，无有印信不同行，君有强神并鬼怪，押赴雷坛见老君……"

印虽有六颗，而觋师常用者为"五雷拷召"一颗。一切文书法牒及符箓上均用此印。并云其他各印常为道人及阴阳家所借用。

第六节　其他

一、桃符　桃木片长约三寸，宽约一寸，厚约二分。并无大小之具体规定。上画灵符，用以隔鬼，戴在病者身上或门口，鬼不能近身。

《礼记》："君临臣丧，以巫祝桃茢执戈。"

昔《庄子》："插桃枝于户，连灰其下，童子入不畏之而鬼畏之。"

李时珍《本草集解》曰："桃味辛气恶，故能压伏邪气，今人门上用桃符避邪，以此也。"[1]

《山海经》："东海渡朔山有大桃树，其卑枝向东北曰鬼门，万鬼出入也，有二神曰神荼、郁垒，主阅领众鬼害人者，黄帝法而象之，立桃板于门上，上画二神以御凶鬼。"故今桃符书二神字。[2]

由此可见今之觋师以桃符隔鬼，当非其偶然之发明。

二、柳枝　形式与作用皆和桃符相同。

三、神棍　亦为觋师赶鬼之武器，上木下铁，可插于地。长约四尺，上端有一小孔，可插一蜡烛，打保福之法事中用之。

---

① 尚秉和著：《历代社会风俗事物考》，第324面。
② 王三聘辑：《古今事物考》，第10面。

四、法衣　与道人作法时所披者相同，觋师作大法事时用之。

五、五佛冠　即莲瓣冠，有五块莲瓣式之硬皮，上画五老菩萨，披法衣时戴在头上。

六、米　乃五谷之正宝，可以驱邪，作大法事时用之。

七、水　乃清净之物，能驱邪气恶病，焚以灵符，则成符水，用途甚广。

第七章　法牒及疏奉

第一节　法牒

觋师作大法事时，必焚化牒文，促请神灵捉拿邪怪。兹由其秘本，抄录原捉邪牒式于后，以供学者参考。

捉邪牒式

先天无极都雷府为牒捉精邪保救生灵事　兹据某某　所云奉
道祈福修供颂恩昊牒收治精邪道转阳魂保泰　某某现患　何病
即日上午
将造意者窃念染患信士　某某年庚岁月生日　上叩
中大大圣北斗第一位星君重念患者行至
四路同家撞遇魑魅魍魉　旷野妖精邪魔鬼怪抢去魂魄　至今得沾夜
梦不祥　游魂散乱　变化多端　戏园生魂　梦中食物无穷　醒来阳
食少思　阴多阳少　或寒咳不止　坐卧弗宁　命在须臾　或求神无
功　恐星辰不顺　或行至路途　旷野山岗　撞遇藤精树精山精石精
岩精溪沟杨柳精猫鼠精狐狸精野狗精古墓妖　年久月深得成气候
多端变化　千年枯树　万年枯井　寺观桥塔　神坛庙社　浮尸潮水
后殿小山　五道猖神　游野阴司　高坡巡界　低坡邪精　又心九郎
患流年命宫　干患太岁　五鬼　丧门　白虎披头独脚一切凶星　恐

忆昔日叫鬼呼神　冤家咀咒　独犯天府大帝　瘟部神王　遇路梅山
翻弓拉网拉弓捕箭　擒鹰放鸭放铳打噍　吹风打哨刀兵殒命　蛇伤
虎咬扯喉吊颈　生产血光雷诛火焚　刀砍水淹等鬼　十字街前九字
路口　飞沙走石　抛砖掷瓦惊鸡弄鸭迷人之魂　遇邪妖而昏三魂
无奈阴阳两端　实乃人鬼难分　是以合家发虔备几仪　伏请元门弟
子于家修写文牒　净秽焚香　启曰圣真主盟禳灾解厄赎转阳魂收捉
邪祟　保老延生　本府除已请旨差将外合行具牒□会
三元将军　四员枷栲　众部雷兵会同三洞梅山黄江巡界　云上云下
九郎　五路五猖兵马　打庙长沙王破庙枷将军　羊肚山前追魂使者
倒洞张五郎督统本宅门中供奉一切神祇　门承户尉司　同沾祭祀承
领公文　各执咒诰同心协力奋武扬威　走火行风并启行前去　详前
事理一切处说　捉拿妖邪魔怪　定限令时即刻锁拿拘押　不遵号令
者　钦奉玉帝敕令先斩后奏　牒至准教星大奉行　须至牒者
　　右牒专请
三元唐郭周三将军　麾下　准此照　照验施行
天运某年某月某日具牒火急发行

　　由此牒式看来，行文欠通，公文格式亦不成体，而可看出其对鬼
神精怪的观念及阴阳两界的态度，含有积极控制鬼神之意。

第二节　疏奏

　　疏奏乃觋师代病者启奏老君，或其他神祇乞求消灾减厄之文书。
此文觋师用黄纸印就备用，兹抄录原式于后。

　　　　疏奏　一泗天下　南瞻部洲
　　　四川省西道　县所辖　街居住奉
　　神设供炳烛灾香消灾减厄延生祈吉迎祥信人
　　　右泊合家人等是日上午　蒙

天地盖载之洪恩日月照临之厚德祖宗积德父母生身年无片善月
有多衍暑往寒来少中答谢无由兹者信人投词窃为

命系　年　月　日　时交生行庚

　岁陡然在于本年前月之内得染星灾命犯太岁白虎五鬼血光
三煞罗侯计都五瘟吊客先亡土地古墓游尸冷坛破庙为害星辰甲
子相冲染病在身服药不效求神有灵即发寸诚收买凡秆纸札具备
香烛吉日奔走来龙山感应堂奉行料事小兆
三曹众真直到于家中主盟作证修连
太上正一　延生泆事供奉
　九品香烛呈献供叶一席灼化龙凤钱马化炼疏文一函上诲
　位前呈进　伏愿
圣恩鉴纳祈保星辰开泰运限亨通凶星过位疾病消除凡在光中同
沾庇佑谨疏以闻
天运　年　月　日吉时投进

此疏奏全系祈求性质，意义极为消极。由其格式亦可看出其对神
之观念。

第八章　法事之种类

第一节　导论

　觋师之职业，在为人诊病驱邪，其方法甚多，每种方法所施行之
手续，即谓之曰法事。他们的法事有简单的，用不着敬神烧香。比如眼
睛有病，觋师则用右手之食指及中指相并，在眼前乱画，口内念着咒
语，即便了事。如有淋症，他叫人买竹叶灵芝鸡骨草，鸡肾子炖肉吃即
好。像这类的法事，多系送诊，不取分文。有时病者不在面前时，觋师
可以拿符或水给来人带回，使病者服之，是谓符水治病。其他重要之法

事，于以后各节中说明之。

<h2 style="text-align:center">第二节　刀关　油火　定胎　安龙　庆坛</h2>

刀关　小孩在十二岁时，容易遭遇灾难，须请觋师作过刀关之法事，以消灾减厄。以钢刀九把用绳绑成梯形架于桌上，觋师背小孩于背上，口念咒诰，赤足由刀口上踏过足不流血。

油火　用火把锅内之油烧滚，觋师施法术后用手在锅内乱抓手不被油烫坏，抓油之目的在于抓回病者之魂。又如数人有盗窃嫌疑，互相供赖，不能解决时，则请觋师烧油火，施法术。觋师先用手在油锅内抓一次，然后各人都用手在锅内抓一次，据云偷盗者之手必被油烧坏，未偷之人则无虞。

定胎　定胎有安胎催生之意义，孕妇腹痛或难产时，请觋师以符水咒诰为其安胎催生。有时孕妇接近了别人之小孩，该小孩之魂附于孕妇腹内之胎儿身上，则请觋师追魂，觋师作法时以靶齿烧红用口衔之，则魂即追回。而胎儿必流产且额上有黑色火痕。

安龙　地脉龙神不安时，不行水患即生旱荒，再不然就生火灾，如果要防水火荒旱之灾殃，必请觋师作安龙之法事。此种法事之仪式亦甚简单，但用人尚多，须要金鼓杂响，念诵经文。安龙时念北斗经，道人安龙时则念龙王经。而现在一般人多请道人安龙，不请觋师，恐此法事系由道士处学来。

庆坛　一般愚民以为觋师之坛神为财神，不庆贺他，则家败人狂、六畜不安，每年的下半年或春天的正二月为庆坛期。庆坛有为全村镇者，有为私人者，为私人庆坛时，邻居好友可送礼物庆贺，并由主人招待茶饭。觋师作法事之先把坛神之牌位写好贴在墙上，并用利刀砍自己之前额使之流血，是为砍红山。

乡人迷信坛神极深，以土地为家神，不与人见怪；坛神乃邪神，易见罪于人，故年必庆之。据传说成都端公（觋师）分蛮教与巫教两种，蛮端公乃受了蛮子的影响，所作之法与本地端公有不同之处。蛮端公庆坛时法事简单，仅酒数斤，坛神位前，置很多酒杯，由一端公口念某神请酒，然皆系自斟自饮，有能饮至二十多斤者；并由主人杀猪款待看热闹之邻舍。

第三节　丢刀　烧蛋　赶梅山　收鬼

丢刀　第一次请觋师诊病时，必先报上病者之姓名住址生庚八字；然后觋师则烧香点烛，口念隐语；用师刀往地下一面丢一面问是闯着什么鬼，然后再看卦及师刀之铁环所决定之卦爻，即可断定病者系受何种鬼怪所扰，然后再行其他驱邪之法事。故丢刀仅占卜问询之作用，但作者每次与一觋师作初步认识时，必先假报一生庚八字，请其丢刀，而无论如何总云病者系受什么鬼所扰，其荒谬可知矣。

烧蛋　丢刀以后，知道病者系受何类邪怪所致，如欲禳解，则行烧蛋之法事。此法事由病者拿鸡蛋一个，白米一碗，觋师把蛋一面画鬼脸面，一面画符，置于米碗内，然后坐在椅上，胡说八道，由语言表情之中，暗示乃病者之祖先附体，并把病者大骂一顿，要病者快拿钱及其他祭品给觋师，请其代为祭祀，方能禳解。但从未见有女鬼及病者之下辈附于其身者。

赶梅山　如果烧蛋过后病仍不愈，则请觋师于半夜三更，赤身露体脸画鬼像，手执钢叉及神棍，在街上吼叫，并乱跳着驱鬼状，且助以粉火。

收鬼　觋师之主要业务为收鬼，此种法事多在打保福内行之。普通收鬼都用小陶罐，上盖以红纸，中间开一小孔，孔四周放些白米，作法时觋师指手画脚，口中念念有词，把脚用力向地下一跌，则米进罐一粒，即算禁住一鬼，俟米完全进入陶罐后，则将纸中间之小孔用符贴住，然后把罐埋于十字路口，或放觋师家中之神龛下面，以示镇压。有时收鬼不用米，仅用红绿布把罐口盖好，并用红绿线扎紧，然后烧符念咒，用手在空中一抓再往罐内一抛，即算将鬼捉住。

《天方夜谭》（The Arabian Nights）渔人的故事（The Story of The Fisherman）中，亦有以铜瓶（Brass Bottle）禁鬼之传说。足见用器物因禁鬼怪之事，非仅中国有之。

乡下人以为觋师把鬼收在罐内，总是自己带走，等病者痊愈后，又把鬼放出来，不然鬼收完了，则觋师无法生活。

第四节　砍心神　出灵官　出土地

砍心神　砍心神乃最考本领之法事，亦于打保福内行之。作法事时觋师把上衣脱光，用刀在胸前乱砍，砍得出血，然后手提师刀，在病人房中乱跳乱打一阵完事。现在很少做这种法事的，并在公会禁止之列。

出灵官　打保福之法事结束前，则可出灵官。一觋师化装灵官的样子，头戴帽子，脸画怪像，坐在中间，另一觋师则对之敬拜。请求为病者赶鬼，撒粉火后，于是觋师如灵官附体，起立跳往病人房中，胡打一阵作赶鬼之表情后，回来用白布一扑在脸上印出灵官之像来，病家贴在门口可以避邪。

出土地　打保福之结尾，不出灵官则出土地。其仪式乃觋师化装土地老爷，领导主人拿着稻草人，即"毛人"在室内走一来回，名曰过桥，过桥以后，鬼怪即不能回来了。

第五节　打保福

如果"赶梅山"仍未把邪驱走，则择吉日举行最大之法事，名曰"打保福"，即打保护。此法事具有禳星朝斗、消灾减厄、招魂买命、结寿延生等数大作用。仪式极为复杂，包括多种小法事，需时甚久。此种法事，多在病者之家中作。最少有六个觋师，并有各种乐器。所有全套锣鼓，都与唱川戏时所用者同。作法事时，亦唱川戏，并有各种滑稽表演。作法时，除有亲友邻舍送钱纸，和主人招待客人及觋师酒饭外，并由主人送觋师猪肉一块，点心二封，名为龙凤钱。

第九章　法事之仪式

觋师所作之法事甚多，如将各种法事之仪式悉于记载，实不胜其烦，且时间篇幅皆不许可。兹特记一标准法事，一切主要之仪式都包含在内。此法事名"打保福"，乃作者在老半边街四号病者之家，亲自记录的，并经过觋师王仲康之补充及修正，特详述之。

在未行作法之先，由觋师把所有之用具早已排好。供桌上之神像牌位和用具，以及桌下同四处之陈设，图示于下。

a.一盛米之碗，内有鸡蛋五个，桃符三块。

b.香炉，内插香及蜡烛。

c.法水一碗。

d.米一碗。

e.卦一副。

f.令牌。

g.钱纸。

h.法牒一及奏疏三，疏奏上一写九天司命位前呈进；一写斗口灵祖位前呈进；一写中天星主位前呈进。

i.王灵官之神像。

j.九义闪神之像。

k.老君之神像。

l.十二井仙之像。

m.绘纸文书，上写病者姓名住址及生辰八字。

n.五猖之牌位，牌下贴雄鸡毛三根。

o.香炉，内有香及蜡烛。

p.香纸师刀及牛角。

q.茶壶一把。

r.本县城隍之牌位。

s.城隍牌位前之神棍，上插一蜡烛。

t.五人坐在一起打锣鼓。

u.七星灯乃竹片折成六角形之样式，中间亦有一角，每角上卡一半寸长之灯草，每一灯草上压一个铜钱，七个钱须为同一年号，表示一朝天子一朝臣。放于盛油之盘内，中间之灯草代表病者之本命，其余六个代表星神。孔明所祭之七星灯即此。其形如图。

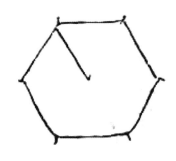

v.乃稻草所扎之人，用白纸画一人像贴于头部，穿上病者内衣，颈上挂一钱纸所折之袋，内装病者之头发一束，置于供案之旁。

法事开始时，先由五人打锣鼓一阵，另一觋师则烧香点烛，唱开坛请神之歌诀，其余五人帮腔。

歌曰：

请神到家来　八卦定除灾　邪魔遣出去　官将请进来

请神来神便来　金童玉女两边排

金童玉女排左右　手捧香花接进来

太上老君当殿坐　真武祖师降临来

灵祖大帝来到此　诸佛神圣下凡来

康王老祖齐下界　河汉群真下凡来

千千诸佛临凡界　万万真神速降临

倘有妖魔来现引　扫邪归正化灰尘

唱完，此觋师穿上法衣，戴五佛冠，烧钱纸及疏奏法牒，手挽诀令，又唱《申文上表歌》：

南辰北斗一品宜　　日出扶桑又落西

太阴太阳一轮转　　满天星斗晒晒西

何年何月好作证　　何日何时请神兵

主家择取黄道日　　大吉良辰好申文

当初神牒有七道　　三道为阳四道阴

阴里四道且不表　　阳里三道要分清

和尚坛内有牒文　　灵山圣庙十家真

道士坛内有牒文　　写表奏章拜天尊

弟郎①坛内有牒文　　诸山八庙早投文

迎请何神见法牒　　奉请何神见申文

南阳启教见法牒　　鸿钧老祖见申文

主人顶礼儒释道　　三教香火见申文

长生土地见法牒　　灶王府君见申文

返身一步请虚空　　阳朝八庙见申文

门神户尉见法牒　　秦军胡师见申文

真武祖师见法牒　　十大元师见申文

三洞梅山见法牒　　小山人马见申文

三九将军见法牒　　四员枷拷见申文

当方土地见法牒　　李药真人见申文

中天星主见法牒　　二十八宿见申文

阴衬师爷见法牒　　阳府恩师见申文

---

① 觋师对神通话时，自称弟郎以示谦恭。

接着又挽诀令唱《请公曹①歌》：

东方青帝青公曹　南方赤地赤公曹

西方白帝白公曹　北方黑帝黑公曹

崔鲁邓窦四公曹　火速雷坛②领公文

击令牌又念，四值功曹请在三天门外宽怀饮酒等待五猖一同前去投文。吹牛角一声，又唱《请五猖歌》：

鸣角一声请玉皇　又来本坛请五猖

五猖郎君请归坛　雄鸡高上说根源

昔日唐僧去取经　唐僧西天带蛋回

带回三双六个蛋　报出鹚鸡六个鸡

又被黄鹰来摧散　娘在东来儿在西

一只飞在天空去　天空取名定国鸡

二只飞到皇宫去　皇宫取名玉兔鸡

三只飞到家下来　施主取名叫魂鸡

行坛弟子有用处　法事将祭五猖鸡

天上雷公哼哼吼　雄鸡头咬得出血

一年四季无忧愁　一祭东方青帝猖

青龙青虎青旗枪　二祭南方张二郎

赤人赤马赤刀枪　三祭西方白帝猖

白人白马白旗枪　四祭北方张二郎

黑人黑马黑刀枪　五祭中央黄帝猖

黄龙黄虎黄旗枪　五猖郎来五猖郎

---

① 公曹乃往阴司各部传达公文之神。

② 觋师称自己之神坛为雷坛。

你今饮酒听端详　　吃到红的是鸡血

吃到白的是酒浆　　吃血酒来饮红汤

三魂不到你承当　　鸡血祭了牒文口

马不停蹄昼夜走　　鸡血祭了牒文心

马不停蹄昼夜奔　　扯鸡毛押牒文

诸山八庙早投文　　先祭将来后祭兵

兵曹兵将笑盈盈　　祭猖师归了台

四值公曹上坛来　　初杯酒敬公曹

公曹上马走一遭　　二杯酒来敬公曹　　当方土地一同行

第三杯酒请主人提壶奉敬先贤，锣鼓齐鸣，法师此时丢刀并叩一胜卦，起来又唱《遣公曹送文歌》：

功曹上了马雕鞍　　云中只见马蹄翻

马蹄之下把钱烧　　钱要归库马蹄槽

有劳尊神走一遭　　公曹上马把身转

船开不等岸上人　　千言万语难表尽

拜送功曹转回程　　烧分钱来化分金

雷祖大帝得知文　　弟郎身体未洁净

犹恐法事未专心　　老爷御驾出坛门　　六曹案下放三块

唱完讲诗句：

处处莲花开　　单等真神来　　做事存天理　　莲花自然开

念完后，用手指蘸水向外一弹，并撒米数粒；再烧符一张，用棍挑起左右转动，念"左转天地动，右转鬼神惊，钢鞭横挑起，一点化灰尘"。然后此觋师休息，其余五人打起锣钹，随主人捧着上给灶君之疏奏，一同往厨房参拜灶君。将疏奏焚化，回转神坛大家休息。法事之前一段到此为止。晚餐后稍停，五人又重响乐器，另一法师表演一刻滑稽动作，并说戏谑之辞，观者大笑；觋师们自己亦说笑不已。此后便由一觋师，手敲木板，打着拍子面对城隍位前之神棍，唱劝鬼歌诀：

列位上中下　才分天地人　五行生父子　八卦定乾坤

四句诗念过，六人一齐吼唱："成郎体，化郎身，无身不化非凡身，化为吞魔杀鬼大将军。"以后为一个人所念者：

自从盘古分天地　三教遗留后教人
日出扶桑现太阳　喜鹊林中闹洋洋
扬子江边去饮水　三岁孩童不离娘
天皇皇地皇皇　红火化钱上天堂
又将阳钱达神圣　又将阴钱到神祇

烧纸一扎。

一张钱白如银　叩请到　信士门中一堂神　拜请到信士门中
老亡魂　少亡魂　阴灵护佑你儿孙　别家都在关门睡
你家为何闹沉沉　都直为　你的后人还愿信　今夜才请这堂神
但愿得

下两句诗乃帮腔。

金炉不断千年火　玉盏长明万岁灯

打一阵响器，烧一扎纸，觋师又念：

二张纸白如银　叩请到

儿郎①供奉满堂神②　拜请到

湖南湖北传教起　河南河北开教门

天天如此跟师走　夜夜服侍满堂神

神前神后有差错　还望神圣要留恩

儿郎要在　三天门外去会鬼

少来供奉满堂神　一出法门皈依叩（叩头）

哀告二位贵公侯　秦爷一生好朋友（门神）

怀抱双铜天下游　三十六人同赌咒

弟兄结拜贾家楼　临潼山把主救

未把秦爷金名留　唐主回往太原走

装塑泥身武庙头　每日焚香三叩首

晚来张灯结彩楼　拜得秦爷命运丑

后来表功才出头　胡爷生来将魁首

面黑须短鬼神愁　为神何去投草寇

不该错保刘五洲　金角老将命送久③

唐主一见龙心忧　才命二人宫门口

赶邪捉妖神为头

念毕乐响一阵，又念：

远远门　一洞鬼　背些名你们听

上元甲子头痛鬼　中元甲子腰痛鬼

下元甲子脚痛鬼　威州茂州蛮子鬼

---

① 儿郎乃觋师请神时自称。

② 觋师所供之神。

③ 据传金角乃一老龙，错行雨事，玉皇差魏徵斩之，老龙就找唐李渊讨封，李乃派秦、胡二人把守宫门，故为门神也。

成都华阳近处鬼　　担葱卖蒜鬼

吃粮当兵鬼　　推车抬桥鬼

生意买卖鬼　　打铁补锅鬼

抹喉吊颈鬼　　投河落水鬼

以后所念乃滑稽辞句，听者无不大笑。

厨子鬼本够逗　　请你做厨要偷肉

老师傅不偷嘴　　手上捏个鸡腿腿

么师弟爱嗜汤　　嘴巴烫得光生疮

主人婆来看到　　说他厨子偷了肉

干盘子未摆够　　二人拉扯去睹咒

厨子咒了个伤心咒　　他说道我厨子

若是偷了她的肉　　九百九十九岁短阳寿

裁缝鬼稳得住　　请你缝衣要偷布

主家扯了一丈布　　请你去把活路做

你就偷了两尺布　　拿回去给你妇人

缝了一条短腰裤　　缝又缝短了

穿也穿不住　　一叉一叉不好走路

车夫鬼心头慌　　他唯愿警报昂

街上去把买主装　　一拉拉在八里庄

问他车夫好多钱　　他言道生活贵

共要八十元　　拉起来只见爬

慢点爬　　把一个老年的

撞了一扑爬　　起身来又打又罚

还骂车夫踩倒爬^①

警察鬼性情莽　他今站在岗位上
听见那里汽车响　手上捏一根
打狗的木棒棒　有一些知识苍（无知识）
没有事去想方　闻着那家鸦片香
闯进去要编筐　不愿编
不拿斗子便拿枪

吊魔鬼心头慌　背上背了根树桩桩
走起路来在喊闯　秘密地方去悬梁

懒妇人实在懒　天天起来不洗脸
新鲜菜不愿辨　擂和泥汤一锅拌
晌午过不煮饭　丈夫公婆都懑怨
说起烧饭鬼火钻　灶火内懒加柴懒加炭
煮的是夹生饭　端上桌喊吃饭
老人公不好谈　没有汤实难干
婆婆说这妇人　把心变　实在恶
菜内捻出偷油婆　抛锅铲打锅灶
灶后她在双脚跳　火不燃撒鸡罩
不管公婆要不要

大脚鬼懒工作　她男子扯了一尺布
叫她去把鞋子做　大脚鬼心内焦
人家脚大都还好　老娘脚大像坟包

----

①　踩倒爬乃成都人骂车夫之口语。言车夫被人踩着而爬行也。

那日儿夫起得早　拖起鞋子去吃醪糟

众人抬起一场笑　笑得儿夫脸发烧

归家来气慌了　抓住我头发打个包

怄气不过娘家走　买块大布把脚包

倘若把脚包小了　人前人后好逍遥

小脚鬼战摇摇　站上前听根苗

自从满清消灭了　如今不准把脚包

倘若警报拉响了　小脚听到心内焦

大脚妇人都还好　房内收拾疏散包

拉起小脚就开跑　一跑跑过疏散桥

看来还是大脚好　搭救小脚命一条

稍停烧纸一扎，又唱：

烧烟鬼领钱张　领起钱去买烟枪

厨子鬼领钱张　领了钱去炖鸡汤

丘八鬼领钱张　领起钱去买刀枪

好睡鬼领钱张　领起钱去买凉床

端公鬼对红心　领起钱去敲楞楞

奶妈鬼领钱张　领了钱买麻糖

唱完以后，便举行砍心神之仪式。此时乃法事中最紧张之时间，砍心神赶鬼之后，又把七星灯点燃，并把稻草人（毛人）置于堂中，对之挽诀念咒，并吹数声牛角为草人招魂；然后再唱一阵听不明白的川戏，出土地领毛人过桥，念安神送鬼之歌诀：

请动众神来到此　光临法会显神灵

好比冤家把住头　弟郎作个解交人

施主虔诚来有请　拈香问卦劳神心

祈祷无供望赦宥　尤保惠民早安宁

无有美仪酬谢你　钱财化与众尊神

我等法事已周全　神舟花船饯登程

此个坛头太简慢　千家门下补敬诚

天师一句值千金　勒马转身定太平

本得送神归天界　弟郎足下未生云

本得送神回地府　圣贤不入地府门

把神送在半虚空　望空一拜转回程

烧分钱化分金　千兵万马领钱文

弟郎身体未洁净　犹恐法师未专心

老爷御驾出坛门　六曹案下放三魂

三十三天请天尊　玉清宫内请老君

请得诸佛堂殿坐　千尊万圣回宫庭

弟子金钱来相送　十方打马速降临

又念：

用金刀开路装车披马奉送神祇起马回程　天府大帝请归天堂
瘟司部众请返洛阳　张赵二郎赐我指鬼诀一道（一击令牌）　指你
东归东去　西归西去　南归南去　北归北去　中归中去（送鬼）

默念师祖师爷等姓名，及十大元帅咒回坛，舌顶天门，开口，齐
齿到门口打一阳卦，法事完。

第十章　结论

第一节　与五行八卦之关系

中国巫觋之起源，与五行八卦有密切关系，已见本文第二章之说明。成都觋师有一对联曰："五行能知生死路；八卦判断鬼神惊。"横额为"九宫八卦"。于此可证明今之觋师仍笃信五行八卦之说。其于诊断病者吉凶时，常用其自创之五行相冲诀，诀曰：

子午逢冲　丑未相冲　寅申卯酉　辰戌巳亥　年冲月无妨　月冲日主刑伤　日冲时主刑克　时冲年无妨　时冲月主太岁　日冲年主流年

其他如五瘟五鬼、五通五猖、五方等恐皆与五行有关。

其对八卦之观念，亦可举例于后：

一　八卦太极图（见秘本）

每卦之内，加上他们自己鬼神之名，以期八卦与巫教发生关系。

二　八卦判决（见秘本）

乾卦☰雍州二位家仙

乾卦有吉凶　行船遇狂风　虽然无大害　退财有灾星

坎卦☵冀州二位土地

麒麟遇子路　猛虎撞柴夫　山中倒了树　伤根自然枯

艮卦☶兖州三位灵坛

艮卦有吉祥　属金退灾殃　但逢为好事　祈福保安康

震卦☳青州五瘟五鬼

二胜加一阳　枯木又逢春　虽然干了

叶　春来便发生

　　巽卦☴徐州小山兵马

卦中有吉祥　无事保安康　虽然无灾祸　猛虎下山岗

　　　　离卦☲扬州城隍主者

离卦主有山　霸王路不通　用尽千般计　枉费一生功

　　　　坤卦☷荆州星辰

坤卦有吉凶　问病莫疏慵　春秋犹小可　谨防夏与冬

　　　　兑卦☱凉州庙神

卦中有原因　在家未出门　灶内埋古石　祈福保安宁

　　其余各种判断吉凶之诀词甚多，兹不赘述。仅就此例看来，每卦之下注有九州之名，恐系表示九宫或九星之意。又觋师未作法事之先，必须把病者之生庚八字写出，可知与干支之说亦有密切关系。

　　《荀子·王制篇》："相阴阳，占祲兆，钻龟陈卦，主禳择五卜，知其吉凶妖祥，伛巫跛击之事也。"足见古代的巫，已能采阴阳之说，而且觋师之法事中，有含结寿延生之意义者，恐系受了秦汉时代方士之影响。

第二节　巫与道教之关系

　　"中国古代底神道，也是后来道教的主要源头。"[1]由本文第二章之叙述，已知道教底符水禁咒之法及法事之仪式，皆由古巫傩承袭演变而来。汉时有"染巫、晋巫、荆巫、九天巫皆岁时祀于宫中；河巫祀河于临晋。这些巫祠是后来道教崇拜之根源。道教的天地水三官、司命灶君、九天等，都是沿用汉初的名称，秦中是秦二世皇帝，《集解》说：'张晏曰：子产云匹夫匹妇强死者，魂魄能依人为厉。'因为二世皇帝死于非命，怕他的鬼魂为厉，所以祭他。这思想是由古巫而来，与

――――――――

① 许地山著：《道教史》上编，第161面。

《山海经·海内西经》所记群巫来贰负所杀底'窫窳之尸'底意思差不多。"①足见道教不仅吸收了中国古巫的巫术及仪式，亦学了古巫的迷信观念，也许道教的天地水三官、司命灶君、九天等都是古巫之神。

然而后来的巫觋亦引用了道教的神祇及经典，乃至法事等之仪式。关于此，以上各章皆有具体证据。由此可证明，中国的古巫预备了道教的实行方面，道教又充实了汉以后巫觋的内容。

此外中国的巫与萨满教，恐亦有不少关系，第二章内已略有提及。据成都的觋师说，作大法时，要默念儒释道三教祖师之名字，并云基督教的耶稣乃封神榜中之绿鸭仙，因其为扁毛畜牲，未被封为神，乃怒飞西方，创立了基督教，只信一位真神，特来与中国多神的巫教捣乱。可见中国现代的巫教很想与各教发生关系，因为自己无一定之宗教信仰对象和制度，一切都想由他方借来。

至于中国之巫觋，是否同亚拉伯之巫术有相互关系，尚不敢断言。唯知川西羌民之端公，有一部分已受汉巫之影响。据冯汉骥教授之实地考察，茂县东有一部分羌民之端公，所奉之神为真武祖师，作法时亦戴五佛莲瓣冠，身披豹皮。敬真武及戴五佛冠乃现在成都觋师之俗，披豹皮恐系受了中国古代之傩作法时披熊皮之影响，但成都有汉派端公及蛮派端公之传说，恐成都觋师亦受川西羌民及倮㑩端公之影响。因为"巫为古宗教，尚鬼重申子，此事于今日边地倮倮苗民羌民中可以见之。边民乃古遗民逃居边荒者，其为巫也，非学之于汉人，乃汉人学自边民，今之汉巫与道教习染，故大不同，实同一源"②。

第三节　宗教的及巫术的分析

"巫术根据人的自信力，只要知道方法，便能控制自然……宗教

---

① 许地山著：《道教史》上编，第173面。

② 姜蕴刚教授讲授。

是在某事上招认自己无力可使"①，而求助于神明。换言之，巫术对自然界采取积极的控制态度；宗教乃是消极的祈求。成都觋师奉祀之神很多，已载于第四章。每日早晚皆要特别敬神，求神不断赐给特别驱邪之威力，并可代别人祭祀坛神。这完全是宗教的仪式。作法时要念咒诰并对神说"弟郎身体未洁净，犹恐法事未等心"等乞求原宥的话，且默念师祖师爷等之姓名求其暗中帮助驱邪擒妖。凡此皆属于宗教的情感。其作法时所焚之疏奏亦系消极的宗教性质。

第七章所叙之捉邪法牒完全是硬性的，充分包含着巫术的意义。在请五猖之诀中曰："五猖郎来五猖郎，你今饮酒听端详，吃到红的是鸡血，吃到白的是酒浆，吃鸡血来饮红汤，三魂不到你承当。"用红血白酒请五猖吃使其乐于投文，似乎带一点软性的要求，要，亦为巫术的情感也。其他各方面属于巫术者甚多，特分析于后：

> 巫术以其施行的原理来分，可成两种：一为感致巫术，根据同能致同的原理，是联想的误用，以为相似的东西，都是同一的东西；二为染触巫术，根据接触律的原理，也是联想的误用，以为凡曾接触过的东西永远保持交互影响之关系。若按施行目的来说，也可分为两种：一为白巫术或吉巫术，是求好的；二为黑巫术或凶巫术，是用来害人的。一般说来后者多前者少用。②

由第五章已知觋师之符，有感致巫术之作用：草人穿病者之衣或系病者之发，以代替病者，乃属于染触巫术作用；草人本身代表病者之办法，系感致巫术之作用。觋师之草人，实具有感致巫术与染触巫术两种意义。此外如法事中之出灵官、出土地，及赶梅山时之化装，与夫作法时之各种表情，皆系感致巫术之作用也。

---

① B. Malinowski著，李安宅译：《巫术科学宗教与神话》，商务印书馆，民国二十五年（1936）三月初版，第82面。

② 李安宅：《巫术与语言》，第2面。

中国的巫，在古代原为宗教祭祀的性质，后来渐演变成巫术。而在历史上的巫，多行黑巫术，于第二章中亦可看出一二。至民国以来，行黑巫术者尚很少见，并在传法授徒的原则上，学徒毕业时，先发誓不行黑巫术，而后方能领得凭照。然民间多迷信觋师有施行黑巫术之能力。

第四节　法术之功能

觋师很受一般人民之重视，不断延其作法，深信其祛病除邪之能力。其实除了他们的单方或可治病外，其他法事之功能，完全寄托在心理治疗上。病者在危急时，宗教的情绪往往在心中作祟，不是希求神的拯救便是期望万一的机会，再不然便延请僧道或觋师为之禳解，或使用巫术以除邪病。所以在作法事时，觋师之表情及音乐歌唱等，皆足以给病者以深刻之印象。觋师说鬼已赶走，亲友说病要好了，而且病者受了这种暗示，也完全相信如此，于是渐渐可能完成心理治疗之任务。有时病者之家属也不一定相信觋师之能力，而是为了想欣赏觋师作法时之跳神唱歌及各种有趣节目之表演而延之作法事的。在另一方面，也可使病者及亲友都可得到一点精神上的慰藉，主人借此又可炫示其社会地位。一举数得，真是赏心乐事，觋师之生意怎得不兴隆呢?

有些迷信极深之愚民，非常相信觋师之能力。一有病灾，必请其驱邪赶鬼，不然则必病势加重，吃药亦不能发生效力。有时吃了药还要延觋师作法祛病，病如痊愈，则把药的功劳完全移到觋师身上。有时并无什么疾病，亦要请觋师作法，以期消灾减厄、结寿延生，作为病灾之预防。每年请觋师庆坛亦系预防作用。由此看来，觋师颇有安定社会人心之功能。其所以能至今犹存者，当不无其社会价值也。

不仅一般人信仰觋师之法力，即他们自己亦信之弥深。但有一天，一觋师名孙云成者，无意之中对作者说了一段老实话。他说:"我们这一教其实也没有什么，只不过隐恶扬善而已。比如一个人作了亏心事，自己良心不安，好像鬼使神差的，使他发了疯。于是请我们到他家中，打一阵锣鼓;说一些吉利话;做一些求神和赶鬼的动作;并表明患者对神的虔敬专心。于是他自己也就觉得无罪而自愈了。有时法事作久了，大家都有疲劳，所以要说一点滑稽话，使大家笑一笑，打保福内之劝鬼，就有这种作用；或者唱一阵川戏，也可以使大家消遣一下。"根据他这段谈话，亦可看出觋师之"法力"，有心理治疗及娱乐两大功能。觋师医疯最易灵验，其原因即在于此。

觋师法术之功能，并无一固定之限制。有时对此有效，有时对彼有效，完全是碰机会。就他们纵横各方面研究看来，他们宗教的及巫术的凭借，亦无固定的形式和制度。中国巫教的起源是由于因迷信而有之宗教的祭祀，后来吸收了阴阳五行八卦干支等说，及其他各方面巫术的内容和宗教的神祇与仪式，而且这些内容及神鬼仪式等，都随时而有加添和变化。由第九章法事之仪式中，即可找出许多随时而异的例子。比如大脚鬼、小脚鬼、警察、警报等字眼，都是近代之名词。总之觋师是一种宗教及巫术的复合体的代表，而其本身毫无所有，完全杂乱地吸收外面的东西，所以乱七八糟无所不有，往往张冠李戴绝无系统。因此四川人常骂一个乱七八糟的人为"巫教"，此话颇有深意存焉。

综合以上各章之研究，用一句不客气的话说：今日觋师的本领，完全在骗人。他们自非不知自己的弱点。故一般有识者，无不视之为下流；即使乡下人，也有不少能窥其奥秘者。因其骗人过甚，引起社会的恶感，故流一种辱骂觋师之传说，特叙于此。觋师俗称端公，据他们自己说：端者正也，公者平也，端公者正直公平之人也。可是相传曰："正当月明风清之夜，唐明皇与杨贵妃游兴正浓时，突有性感，唯草露阴湿，乃唤太监高力士伏地代床；而不幸凑巧亦取贵妃之能而代之。事毕高力士向明皇讨封，皇以各宫皆备，因封之为单宫，后人讹之曰端公，即今之觋师也。"觋师已失去大部分人之信仰，于此可见。他们自己亦有不少对此道灰心者，唯无其生活之他种技能，不得不靠鬼神而谋骗人之生活。将来教育普及，社会如能为此辈觋师，另辟一条正当之生活出路，则此种迷信将不攻而自破矣。

秦学圣卷

随笔

武当琐话

需要预见和想象力

办好我国自然科学博物馆的几点设想

武当琐话

宋李鷹赋曰："太华逸民，仆履荆州；历楚圃，案载籍，遨翔凤阙，啸傲岘首。睨碑征南之阪；扪鹿习池之岫；策棰梅坞之巘；饮马双池之浏。虽清门之可喜，实雄奇之未觏。比溯沧浪，至于郧郊，卧岗走阜，复沓平坳，布若聚沫，沸若翻涛，藏溪隐木，险于幽都，夹沟为堑，隘比成皋。邑或严于郑制；兽或强于齐貗。虽弗逮乎雁门；已可方于虎牢。第陵陆之可践，恨形势之非豪，或一山之巨丽，府列岫以弥乔。卓荦其崛，造天其高，如风于羽，如麟于毛，如人之杰，如土之髦。居众莫掩拔其曹。吾弗知其何山也，丈人曰：此吾邦之武当也。"

武当山旧名谢罗山。晋咸和中有历阳谢允舍罗邑宰尝隐于此因而得名。永乐中赐名太岳太和山；嘉靖中赐名元岳。相传真武祖师曾得道于此。众以山之名得于谢罗，实未能形容山之伟大，"非真武何足以当之，故名之曰武当"。

山当湖北均县之南一百二十里；老河口西北一百八十里有八宫二观二十四庵七十二岩二十四涧七十二峰。由山脚至金顶约六十里。形势雄伟奇绝，高不可仰；岭峻巇崿，韵粹气整，实美丽闲都仙人所居之地。

八月七日正当炎夏。清晨雇了一乘滑杆（当地曰拽子）由山上之草店动身，行不数里即开始登山。因为不是朝山的时节，所以山上人烟稀少。山路全用青石修筑，非常整严，或上或下或左或右，不下百数十里；宫殿台阁百余处，工程颇为浩大。道旁苍松奇桧摩云翳日；鸟雀之声不绝，唯不见行人往来，未免有孤寂之感。再看右边山下，碧野一片如画如锦；古道边颓垣矗立尚有败宇数间，毫无一点烟火气味。抬滑杆的老刘告诉我，那便是"老营宫"。

此间有一句俗语说："南岩的宝剑，紫霄的杉，人到老营不想家。"明代永乐帝重建武当山用工人二十万，为时十年。在修筑期间，工人都因收获甚丰，不愿再作苦工了。所以主持人便在山下修一宫营名曰"老营宫"，广招各方妓女，作为工人消遣之地。凡工人有钱时都可下山到老营宫去玩耍，把钱花完了又上山工作。据云当时老营宫有"七十二条花花街"，可见永乐皇帝重建武当山之苦心了。

再往前走到一大庙，名为"磨针井"。庙内正殿神龛下有一古井，相传武当山的祖师修道时，常用此井之水磨一数丈长之铁樑，要把它磨成绣花针。所以鄂北一带有一谚语曰："铁樑磨成针，功到自然成。"即由此而来。

又坐上滑杆前进，天气热，人烟稀，还要赶着上顶，一路完全是走马观花，每到一著名地方，抬滑杆的便停下告诉我一些故事。上了太子坡，过去便是一条深谷，下行七里方达平底，有一小溪通过，流水清澈弯弯而去，这便是剑河。相传祖师修道时有五百灵官护驾；一日，五百灵官逃走，祖师乃执剑向地一划，山裂为二立成天堑，灵官亦不能飞渡，逐被祖师带回压于南岩，此河即因而得名。河上面绝壁悬崖，爬伏而行约八里方登紫霄宫。

紫霄宫乃武当山最大的宫殿，有东宫西宫前殿后殿，规模极为宏大，庄严富丽，堂皇美观，真不愧为"翠宇琦宫"。大殿前有碑亭数个高约三丈，内有约二丈高之大石碑，上刻永乐皇帝圣旨等文字，碑置于一大石龟之背上，龟身长约丈余，高约六尺，刻工十分精细。正殿内有一条杉樑约一尺见方，长约二丈放于高约三尺之二木架上。用手摸这端则那端可闻嗡嗡之声，一时传为神奇，凡来者必摸之，所以两端凹入甚深。据道人说当日兴筑紫霄大殿时，此樑由四川飞来，可惜迟到三分钟，已用了其他大樑，故废置此以资纪念。殿内明代铜器及其他遗物甚多，颇足供考古家之玩赏。紫霄宫有道士一百多人。有几个虽着道装，但并未正式出家，都是在此隐居的。其间有无家可归的年老商人；有些是逃避服役的年青农夫。他们完全是自食其力，有的专司念经，有专司耕种的，也有专作杂役的。分工严密，所以生活也井井有条。

十二点钟过了，我就在那里用了午餐，素食却很雅洁，一老知客陪我吃饭，我讲"道可道，非常道"的道理给他听，他则说："先生不远千里而来访仙问道，想必是个达人，祖上有阴德，前世定有仙根。贫道说来也万分惭愧，出家四十多年，受尽了辛酸苦痛，如今方晓得'道就在人心里，并不在深山古庙中'。"我听了他这番古典的议论，好像同他相隔了一个时代，而我确真能理会到他内心说不出的苦痛，这就是"道"误了他的一生罢！

饭后他说愿意请他们的老当家出来与我见面，因为这个老道人是我的同乡。老道出来对我非常客气，着实像见了同乡一样。他开口便说："现在的世道，真是人心不古！我们山上的田地一切财产都充了公，生活要靠自己耕种来维持，难怪上天要降灾祸于黎民，不仅人要受难，炸弹来了就是鱼虾也要遭殃，这是天劫，什么神也不能挽救的啊！"

离开紫霄峰又往上行，只见大岳天柱诸峰，挺然森秀；青霄重于上，白云带其前；紫霄万片一涌堕地，奇幻变化不穷。四时许已达天柱峰之金顶。金顶外围乃一皇城，城垣高耸如禁宫之森严。一道人说："此山祖师乃明朝建文皇帝之化身，故山上所有殿堂皆仿皇宫而建，金顶乃以皇城卫之。"登金顶环顾四岳，"岭岫辏拥，如六军排列，未得暇隙可攻"。层密嶒嶝，蓊蔚郁葱，"植若宿邸之玉，隐若寨门之屏"。是真不登太和绝顶，不知天柱之高也，不得金城玉阙不知武当之雄威。

金顶阔约半亩之地，祖师正殿及神像皆为古铜所铸成，光彩夺目，是有金顶之名神棹亦铜质，地下为一整块大理石铺成，亦极富丽，道人拿出很多祭器见示，皆系明代遗物；并有祖师玉印一方，上刻篆字，文曰"一都天大法主宝"，状极精致美观。正殿门口有飞蚁一堆，已死去，据道士云："每当三伏天气，则有飞蚁来朝，朝罢即死。"飞蚁之来，确为我所见，然而究竟为何而来，则须要请教于生物学家了。殿旁有道人卖武当山特产"太和仙茶"，我卖了一些准备送给远地的亲友。

正要下山，忽乌云四布，阴霾障天，山木叫号，悲风骤起，马上大雨倾盆，群峰顿失。俟雨声且歇，急伴同桥夫下金顶，至七星树小店下榻，山风犹咆哮未已。

次晨早起登程，披云吸露，拂袖沾衣，睇目视之已至南天门。东方曙霄忽开，旭轮涌出，紫霞红霭似笑若媚；隔山飞虹倒影，艳丽尤绝。

由南天门转南岩，但见云来空谷，响流潺湲，道旁青紫分行，黛绿成队；老道散步云里山巅，神闲意适。不禁抚思自幼别离家乡，飘泊经年，虽"地阔天高，尚觉鹏程窄小"；而今日"云深松老，方知鹤梦之悠闲"。

南岩宫最为富丽堂皇，唯惜曾为火焚，仅剩败屋数间，内有祖师之卧像，五百灵官亦供于此。绝壁上插有铜剑一口，为祖师镇压灵官之用，岩边有一石樑，凭空横出约五尺余，前端刻为龙头状，头上可插香烛，凡有许最大之愿信者，即亲自扫香于龙头上，是谓烧"龙头香"。一不小心，堕入深渊，粉身碎骨绝无生还之可能，为此丧命者甚多，故清代官府已明令禁止，至今仍未开放。

岩前有二峰崛起，状极险峻，一名舍身岩，一名梳妆台，相传祖师修道时，常在舍身岩打坐，观音菩萨化为一美女，坐在梳妆台上梳头以诱之。一日此美女亲来舍身岩向祖师求爱，祖师大怒，披发仗剑逐之，竟堕岩舍身而成神了。

转来由原路下山，回望白云深处，天柱峰屹然峭立，威镇八方，于今思之，犹依恋不已。

民国三十二年（1943）十月于成都

原载《旅行杂志》1944年第3期

需要预见和想象力

当前世界各国的自然科学博物馆面临的共同性的危机，恐怕就是跟不上时代：不能及时通过现代化的陈列反映最新的科学、技术的发展；即使反映出来了，也已经落后于现实数年之久。陈列方法和陈列设备往往承袭过去，难以推陈出新。在收集和保管方面也是因循守旧。因此需要解放思想，打破陈规。如果各地的博物馆都按照老一套的办法进行陈列，甚至千篇一律，观众参观了一个博物馆，再看其他博物馆便会觉得厌烦。各地区的自然科学博物馆应能体现其本身的特点，通过它的科学家、艺术家和博物馆学家的科学水平、艺术修养和独创能力进行陈列，才能吸引观众从而达到教育的目的。

对自然科学博物馆的未来要有科学的预见性和想象力。现在是电子时代和航天时代，今后二十年是什么样的时代，要根据现代科学技术发展动向作出推断；更重要的还得要有丰富的想象力。这种想象也得有科学的依据，而不是凭空幻想。有人想象未来博物馆的实物陈列将普遍地由全息摄影来代替。有人说未来博物馆的陈列不用陈列橱柜。景观橱窗也不需要玻璃；这种把观众与陈列隔开的玻璃墙一定会被拆掉。未来的博物馆不需要文字说明，甚至标签也不需要，更不需要解说员。通过各种科学家、艺术家和博物馆学家的知识和才能组织陈列，使观众在参观以后自己得出结论，不知不觉地受到深刻的教育，而且还感到十分愉快。观众不仅是参观者，而且还是亲身参加到展示的景观中去进行实际活动的表演者。就如同人们穿上中世纪的服装，走进中世纪的环境去体验一番中世纪的生活一样。观众可能亲自体验一下特定的生态环境，也可能看到人类如何沿着一束光线乘坐列车奔向月球。

原载《大自然》1981年第1期

办好我国自然科学博物馆的几点设想

引 言

我国自然科学博物馆和其他性质的博物馆一样，是永久性的、非营利的社会教育机构。尽管其种类繁多（有专门性的也有综合性的，有地方性的也有全国性的，有现实性的也有历史性的），但都根据本身的特点和具体任务由专业人员采集所需标本，妥善保管，经过研究组织陈列、展览、传播自然科学理论和应用知识，对公众（包括成年人和儿童）进行历史唯物论、自然辩证法、社会主义和爱国主义教育，提高其政治觉悟，坚持四项基本原则，激发其民族自豪感，为建设社会主义的物质文明和精神文明作出贡献。

在这一方针指导下，如何办好我国自然科学博物馆，是一个值得探讨的问题。我个人对于自然科学博物馆的理论缺乏理解，也无实际工作经验，仅就管见所及，提出以下几点设想。

党 的 领 导

党的正确领导，是办好一个自然科学博物馆的根本保证。党组织是通过书记或书记兼馆长具体进行领导的。其首要任务是掌握这个机构的业务方向，使其运行始终不偏离社会主义轨道。因此他必须认真贯彻执行党对于自然科学博物馆的各项有关方针政策，并且全面了解业务情况，随时督促检查，发现偏差及时纠正；他必须有远见卓识和工作魄力使这个机构经常保持正常运转，不断地前进。党员的模范带头作用和善于团结群众也是党的正确领导的具体体现。

组织机构

保持一个单位能正常有效地进行工作，其组织机构一定要健全且合理。机构臃肿人浮于事或因人设事而人又不能胜任工作，不但会造成人力物力的浪费，而且有害于当前工作和未来的发展。自然科学博物馆的种类繁多，其组织机构亦多种多样，不可能统一规定，为了讨论方便，假想一个省级自然博物馆的组织机构如下：

馆长（和副馆长）之下设办公室，办公室设业务秘书和行政秘书具体推进全馆工作。

保管部负责采集标本、研究标本，利用现代博物馆保养和管理标本的方法和技术设备，对所藏标本进行科学分类、编目、科学管理和安全保护，并负责陈列、展览的设计和文字说明工作。它是博物馆的业务重点部门。

陈列部的工作范围在陈列和展览现场。美工组根据保管部各组提出的设计方案进行美术加工。讲解组根据陈列、展览设计和文字说明对观众进行讲解。安全组负责陈列、展览场所内外的环境卫生，更重要的是保证陈列品的清洁，做好防盗、防火、防虫、防腐蚀，随时注意展品柜内的化学保护剂对环境的污染，和陈列、展览室的温度、湿度、光线的变化以及空气流通情况，以保护展品、工作人员和参观者的安全和健康。

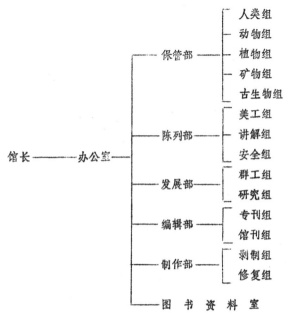

```
                                          ┌─ 人 类 组
                                          ├─ 动 物 组
                              保管部 ──────┼─ 植 物 组
                                          ├─ 矿 物 组
                                          └─ 古 生 物 组

                                          ┌─ 美 工 组
                              陈列部 ──────┼─ 讲 解 组
                                          └─ 安 全 组

馆长 ──── 办公室 ──┬──        发展部 ──────┬─ 群 工 组
                                          └─ 研 究 组

                              编辑部 ──────┬─ 专 刊 组
                                          └─ 馆 刊 组

                              制作部 ──────┬─ 剥 制 组
                                          └─ 修 复 组

                              图 书 资 料 室
```

发展部负责考虑并采取实际措施发展当前的业务，研究今后发展动向，作出远景规划，指导现实的工作。群工组主要负责组织观众，分析观众的成分和数量的变化，征求观众的意见和要求，提出改进方案；争取科学家和有关单位对博物馆的支持和协作（包括馆间协作），发展"博物馆之友"，充分发挥社会和群众的力量，扩大博物馆的业务和宣传教育作用。研究组负责研究各门科学发展的状况对今后国民经济和社会生活的影响，探讨至少二十年后这个博物馆将面临的业务需要和问题，在当前工作中就要为二十年以后的发展做好准备；并研究目前博物馆的建筑、环境能否适应发展的需要以及保管和陈列设备的设计和更新问题。总而言之，要未雨绸缪。

编辑部负责把博物馆的研究成果公之于众，向社会和科学界提供研究资料，并与国内外有关机构进行资料交换。专刊组负责审查并编印博物馆内工作人员的研究报告和专刊专书。馆刊组负责编印综合性的定期馆刊，吸收馆内外的稿件，扩大博物馆的影响。

制作部负责动植物标本的剥制和古生物标本的修理和复原工作。

图书资料室负责及时收集和采购与研究有关的报刊和中外文图书资料。

人 员 配 备

在上述组织机构及其职能的前提下，人员配备如下：

1.馆长一人，总管全馆的行政和业务，要有高度的政治理论修养并须具有全馆业务的一般知识和博物馆学的知识。

副馆长二人，一人主管行政，一人主管业务，都必须具有博物馆学的知识和一定的专业知识。

2.业务秘书一人，要具有高度的政治理论水平，负责业务的开展，除了是大学博物馆学专业毕业生外，他还须掌握有关业务的一般知识。业务秘书下设立文书一人，打字一人，复印一人。

行政秘书一人，要有高度的政治责任感，熟悉业务，随时考虑配合业务的开展进行工作。行政秘书下设人事干部一人，内外收发二人，会计一人，出纳一人，采购一人，事务保管一人，管道工一人，电工二人，木工二人，花工二人，清洁工二人，汽车司机二人，炊事员二人，伙食管理员一人。

3.保管部主任一人，副主任一人，都是研究员或副研究员一级的科学专家，并具有博物馆学的知识和高度的政治责任感。

人类组三人，动物组三人，植物组三人，矿物组三人，古生物组三人，这些人员都是大学有关专业毕业生并具有助理研究员或相当的水平。每组有二名青年实习员学习并协助具体工作。

4.陈列部主任一人，副主任一人，都必须具有高度的政治责任感和一定的博物馆学和专业知识。

美工组设高水平的美术人员三人；讲解组设大学专业毕业生（或经培养具有这种水平的）12人作讲解员，并须具备用外语向外国人进行讲解的基本能力，既是讲解员又是专业研究人员。

安全组三人，要有高度的政治责任感和有关业务知识，在陈列部其他工作人员的配合下，日夜轮流值班履行其职责。

5.发展部主任一人，副主任一人，都必须是大学博物馆学专业毕业生，具有较广泛的业务知识和研究能力。群工组三人和研究组三人，都须具有博物馆学知识和研究、分析能力，其中应有统计学专家。

6.编辑部主任一人，副主任一人，都是科学人员和编写能力较强而且政治思想水平较高的人员。专刊组三人，都是自然科学有关专业的大学毕业生，具有相当水平的编写能力，能严肃审稿保证质量。

7.制作部主任一人，副主任一人，既具专业知识又懂标本的制作、修复技术。剥制组三人，修复组三人，都是精通专业、富有经验的技术人员；各组有二名青年实习员。

8.图书资料室主任一人，熟悉本馆业务，另设管报刊一人，管中外文图书资料二人。

规 章 制 度

有了合理而健全的组织机构和能胜任工作的人员配备，还须建立合理的规章制度，明确规定各部门的性质和任务以及工作人员的职责范围和他们应遵守的工作程序和工作纪律，以便于考勤、评级、奖惩，使各个部门之间和职员之间既有明确分工又能恰当配合，使这个机构保持正常运转。

领导人员根据规章制度检查工作，在各部门之间进行协调，推动工作。

结　论

自然科学博物馆的生命力取决于它的思想性、科学性和按照博物馆学规律办馆的原则。它的组织机构必须要健全而合理，人员配备必须能满足工作的具体要求；制度严格，职责分明；既要强调高水平的政治理论和专业知识，又不能忽视博物馆学的作用；不仅要考虑目前工作的进行，还要照顾到未来的发展。

原载中国自然科学博物馆协会《首届博物馆理论讨论会论文》，1981年

附　录

秦学圣主要译作介绍

论著目录

秦学圣主要译作介绍

（限于本书篇幅及版权等原因，未收录全文）

1.《考古学概论》（*Introduction to Archaeology*）

1983年，秦学圣先生应《成都文物》编辑部之请，将他与李小川同志合译的美国学者詹姆斯·赫斯特教授所著《考古学概论》（1976年出版）的部分译稿在《成都文物》分12期连续刊发，时历三年有余。

本书的原著作者詹姆斯·赫斯特，为美国科罗拉多大学考古学教授，曾在美洲、非洲和中东等地做过大量考古调查和发掘工作。这本书是他根据长期教学经验，为适应大学一年级学生的水平而编写的一部教科书，主要目的是向初学者介绍考古学的基本知识，为其进一步学习考古学的高深理论和方法奠定基础。全书共分两大部分：第一部分（第一至五章）为考古学的概论，就考古学的各个主要方面做了简明扼要的介绍和深入浅出的论述，反映了二十世纪六十年代至八十年代以来世界各国考古学的新趋向。第二部分（第六至十七章）重点评介世界各地发现的考古资料。秦学圣先生的这个译本内容系该书的第一部分即概论部分，故沿用原书名《考古学概论》。

译文发表以来，引起了国内文物考古、科研教学单位广大同仁的关注，也得到不少初学考古的青年欢迎。纷纷致函《成都文物》说：阅读此著，颇受启发，受益匪浅。知道了当代考古学发展的概况和趋向，开了眼界。詹氏阐述的某些观点和所提出的见解亦可供借鉴参考。译稿文笔流畅，语言生动，简明清晰，即便是不从事考古工作的读者，也有兴趣一口气读完。译文在《成都文物》连载过程中收到了不少读者的积极反映，建议出单行本。为了满足读者这一要求，在《成都文物》编辑部的推动下，于1987年将各期所载辑成专册印行（见图版9），希望它会对我们的考古事业有所补益。

考 古 学 概 论

秦学圣　李小川　译

【编者按】美国考古学家詹姆斯·赫斯特，在科罗拉多大学教授考古学。他的《考古学概论》（1976年美国出版）是他根据多年教学经验而编写的大学教科书，主要目的是向初学者介绍考古学的基本识知，为进一步掌握考古的理论和方法奠定基础。本书叙述简明扼要，内容丰富，涉及面广，反映了现代考古学的新趋向，对我国文物、考古工作者很有参考价值。今由四川省博物馆秦学圣和省外办李小川同志译出，拟在本刊连载以飨读者。

第一章

（一）什么是考古学

　　考古学作为一门学科是近百年才发展起来的，它的研究方式、方法和对象多半肇始于近代。另一方面，各个社会的人普遍地对人类的过去饶有兴趣；这种兴趣可以追溯到公元前555—538年，巴比伦时代末期。就我们所知，最早对古代文物的发掘是在巴比伦的最后一个国王，纳邦尼达斯（Nabonidus）主持下进行的。现在我们需要把现代考古学与其前身划分开来，而这种划分的目的是什么呢？

　　要回答这个问题，唯一的办法也许就是首先弄清什么是考古学家或考古学家干些什么独特的工作。现代考古学家会在单纯的

《成都文物》陆续刊发《考古学概论》部分译稿，共12期，此为1983年第1期该系列文章首页。

考古学概论(续)

〔美〕詹姆斯·赫斯特著   秦学圣 李小川译

(二) 考古学研究的主要领域

进化,即文化的发展变化。在历史上,进化是首先引起关注的考古学课题。十九世纪三十年代末期,彼尔特(Boucher de Perthes) 在法国砂砾坑内发现了石制工具后,科学界开始注意到这样一个事实,即那些剥落的形状规则的石质物是古人有意制造出来的。欧洲人从当代的土著民族那里收集起来的石制工具有助于了解那些出土物的作用。这些石器的发现与当时地质学思想的革新发生了联系。莱尔 (Charles Lyell) 在1830和1833年之间发表了一个革命性的地质学观点——均变说。均变说认为地层厚度的差异是侵蚀和沉积作用的结果,这一地质变化过程在很早以前就开始进行了,现在仍在继续进行。史前学研究开始以后经历了一段漫长的道路,过了几个世代,终于使那些持怀疑态度的人相信:1.这些原始的石质工具确实是人制造的。2.地球的年龄可以远远追溯到《圣经》对地球起源的概念以前,当时阿希尔(Ussher)主教说地球起源的时间是公元前4004年。这种不利于了解人类发展的主要思想障碍既被消除,考古学的活动就集中到对人类文化进化的研究上了。一位在丹麦国家博物馆工作的考古区学家汤姆森(Thomsen) ,把古物按其质料——石、青铜、铁等进行分类,这是考古学的一项重大突破。他把这些古物说成是石器时代、青铜时代和铁器时代的标志。以后的各种发掘工作证

· 131 ·

《成都文物》陆续刊发《考古学概论》部分译稿,共12期,此为1984年第1期该系列文章首页。

考 古 学 概 论（续）

〔美〕詹姆斯·赫斯特著　　秦学圣　李小川译

（三）考古学发展简史

我们已经讲过，考古学家把研究古代遗物作为恢复古代文化状况的手段，这就使我们的研究范围有了一定的限度。但这种限度自来都不是一成不变的。考古学的发展已有2500多年的历史，在这漫长的时间里，对古物的研究有各种不同的侧重点。最早表现对古物感兴趣的是那些盗墓人。在埃及，盗墓是一种古老的传统，一直持续至今。盗墓最早是从什么时候开始的，我们不清楚，但我们从调查中得知早在公元前1120年，盗墓是相当普遍的，不久之后，纳邦尼达斯在乌尔（Ur）发掘，并把所发掘的古物带回巴比伦放在博物馆里。其它早期事例，不论是有计划的，还是偶然的发现古物的情况都有案可查。在大多数情况下，人们主要关心的并不是对过去的研究，而常常是出于纯金钱的动机，即把发现的古物出售。

公元前5世纪，雅典人打开了他们认为是卡里亚人（Cari-an）的几座墓葬，因为墓中的文物同当时卡里亚人仍在使用的东西很相似。凯撒的士兵在科林斯（Corinth）盗了一些墓葬，并把青铜器皿卖掉了。另一个罗马皇帝收集了很多古希腊的钱币，他的这一爱好超越了他所处的时代若干世纪，因为把收藏古物作为一种特别爱好是在公元15世纪才发展起来的。很难给这段早期历史定一个名称，在此期间，盗墓是一种普遍的现象。有时候

·111·

《成都文物》陆续刊发《考古学概论》部分译稿，共12期，此为1984年第2期该系列文章首页。

考 古 学 概 论（续）

〔美〕詹姆斯·赫斯特著

秦学圣 李小川译

第二章 考古资料的性质

考古资料包括古代社会的成员所制造、积聚和使用的器物，人类活动所引起的自然景观的变化，古代居民的遗骸以及人类活动所造成的这些因素之间的相互关系。我们将对这些依次加以讨论。出于另外的考虑，我们还可将考古资料进一步分为若干类别。石质工具是最常见的，它们几乎经久不坏。易腐的物件只有在极有利于保存的环境中才能找到。在特定的史前社会里，是否有城市、乡镇、村庄或营地，是否实行灌溉、修筑寺庙或金字塔，是否穴居等都是不可忽略的。考古资料中的这些固有的不同特点，诱使人们对某些具体器物质感兴趣，而忽视文化历史方面的较大目标。必须经常记在心里：我们所发现的考古资料是古代某个特定社会文化活动的证据。不论这些遗物遗迹是多么简单或多么复杂，它们都能成为而且应该成为我们推断人类过去文化模式的凭借。这一观点也许比其它任何标志都更适于用来区别专业考古学者和业余爱好者或古物收藏家。前者把研究古物作为信息来源，后者则对器物本身更感兴趣。

什么是典型器物以及它们能反映历史上的什么情况？石器是最常见的；制陶术发明以后，陶器出现得更多，其次可能是骨器，然后才是木器、索具、编织品、葫芦和其它容易腐烂的物品。在大多数遗址中，比劳动工具更常见的是骨头、贝壳、残留的植物和其它食品。或许另外还有颇具重要性的资料，也就是各种不同的建筑遗迹，从最易消失的不显著的地面凹陷（有时还伴

110

《成都文物》陆续刊发《考古学概论》部分译稿，共12期，此为1984年第3期该系列文章首页。

考 古 学 概 论（续）

〔美〕詹姆斯·赫斯特著　　　秦学圣　李小川译

第二章考古资料的性质

陶 器

陶器在文化遗物中的出现远迟于石器、木器、骨器或贝壳器等。除文字记载之外，没有其它器物象陶器那样能提供丰富的资料；甚至最早的文字也是显现在土牌上的。陶器为我们提供了各种不同的信息，包括陶器的具体制作过程和陶土的来源。从陶器上图案花纹的风格，我们可以了解当时的宗教信仰和年代顺序，因为自从陶器发明以来，它的形制和装饰一直在变化。随时代而变化是陶器的特点。我们可以根据这些变化推断出陶器所属的历史时期。陶器的另一特点是它的持久性。就陶器本身而言，是容易破碎的，但破碎的陶器片却容易保存下来，它们只有在遭到严重侵蚀后才可能被毁掉。火烧只能改变颜色，化学腐蚀对它们几乎不起作用。

陶器的特征很多，在某些情况下，从一堆特定的陶片中能鉴别出六、七十种不同的特征。其基本特征包括：造型、制作工艺、胎色等；制作中使用的是盘绕、手捏、拍打成形或轮制法等。陶器的胎色决定于陶土的性质和放在还原或氧化气氛中烧制。胎色上可能会涂一薄层泥浆（叫做"装饰土"），或加以彩绘。陶器上面的装饰有挤捏的、剔刺的、刻划的、雕琢的和添镶的等。陶器还可以用模子塑造。在某些情况下，如秘鲁的摩其加（Mochica）文化，对于其过去文化习俗的了解多借助于对他们

· 111 ·

《成都文物》陆续刊发《考古学概论》部分译稿，共12期，此为1984年第4期该系列文章首页。

考 古 学 概 论 （续）

[美]詹姆斯·赫斯特著　　　　　秦学圣　李小川译

第三章　地层学、年代学和断代技术

（一）地层学

地层学是考古学方法论的要素之一。对于遗址地层的自然顺序无所了解，就不能系统地说明该遗址出土物之间的相互关系。地层的最简单形式表现在遗址的层序，每一层比其上面的一层较为古老。一旦掌握这一原则，就可以对遗址堆积层的顺序加以描述。层次的顺序就象历史记载那样，使考古学者能够对那个特定遗址先后发生的事情加以叙述。如果不用其它断代手段，考古学者也能根据地层推断相对的时代顺序。他知道了某些器物出现于某一层位，从而就能说明每一器物与同一遗址出土的其它器物之间相对的年代关系。虽然在这种情况下，他并不确知器物的绝对年代，但能够排列出它们从早期到晚期的先后顺序。正常情况下，我们还可以假定，在一个层位发现的所有器物都是在那一地层形成过程中堆积起来的，因此那些器物基本上属于同一时代。不过我们必须随时警惕较早或较晚期的器物混入这一地层的可能性。有几种因素可能导致层次完全翻转使最老的地层位于最上层。造成这种状况的最常见的原因之一是由于以前的发掘。现时的发掘者不知道以前某个时期、某个人（考古学者或古物猎取者）曾经在这个遗址进行过发掘：把挖出的土堆在坑边上，把下层的土堆在其上一层土的上面。经过一段不长的时期，重新形成一个有层次顺序的地层，唯一不同的是，顺序刚好与以前的相反。类似的情况可能发生在古代埋葬死者挖墓坑时，特别是把墓坑挖入了食物残渣层或其它文化层。地质作用是另一种可能使地层翻转的因素。在这种情况下，地层真实年代的认定须通过对于所含化石和其它年代指示物的研究。通过这种方式堆埋在地层中的器物通常出于不同时代的来源，把不同时代的器物混合在一起。如果我们对于不同时代器物的形制无所了解，就可能会认为：这些器物出于同一层位，因此它们属于同一时期。

偶然的原因使器物混入更古老的地层，也是常见的现象。最常见的坏事者之一是地鼠。考古学者总是警惕地层被后来扰乱的可能性，因为在一个地层里发现一件不应有的器物，使他在开始恢复遗址发生过的事物的顺序时感到苦恼。较晚期的器物可能通过史前居民的挖掘活动和践踏作用而带进了古老地层。如果在仔细发掘过程中辨认出前人挖的坑位，上述情况就不成问题。要是没有辨认出以前的坑位，那么这位考古学家就可能作出错误的记录。

遗址内地层层次的发育取决于两种因素：地质作用和文化活动。各层情况可以完全不同，有的纯属自然而无文化堆积，有的完全是文化堆积。而大多数层次是两种因素同时作用的结果。另外，层次可以连续（如湖泊、沼泽内），或因侵蚀或无堆积期而有所间断。在地质作用的情况下，局部无堆积常与侵蚀有关，使应堆积之物停留于其它某个地点，遗址上则

《成都文物》陆续刊发《考古学概论》部分译稿，共12期，此为1985年第1期该系列文章首页。

四川省文物考古研究院名家学术文集

考 古 学 概 论 （续）

[美]詹姆斯·赫斯特著　　秦学圣　李小川译

（三）断 代 技 术

断代技术可以简略地分为表示相对年代、绝对年代和年代推测等几种方法。这些方法所表示的年代难以取得一致。有的是以年为单位，有的以年为单位并附以概差，有的只表示较晚或较早于某一地层或器物，还有就是推测，这实际上根本不是断代。

一、相对年代

凡是为我们提供某一器物或地层的时代与另外的器物或地层的时代相比较而得出结果的办法，统属相对年代的断代法。某一器物或地层比另外的器物或地层较早、较晚或属同一时期，即是相对年代。建立时代的先后顺序是这种方法应用的一个主要方面。例如，假定我们发掘了三个遗址并根据它们有代表性的出土物而认定了它们的地层，就可以进行比较并把这些地层适当地排列出一个时代顺序图（图3—2）。比如说，按照从早期到晚期的顺序列成 0，1，1A，2，3，4，5 等层，表明 1A 的时代处于 1 和 2 之间，从而它的相对年代便建立起来了。0比1要早些，因为在顺序表上它位于1之上。然而地层的证据并不能告诉我们0和1之间或其它各层二者之间有多长的间隙。

这里着重谈一谈化学断代。埋葬的骨骼从地下的水分中逐渐吸收氟，吸收的程度取决于那里地下水所含的成分，吸收分量的多少又取决于其埋葬时间的长短，因此测量同一堆积中两块骨头的含氟量，就可以断定它们所属的相对年代有没有什么显著差异。通过化学分析法或 X—射线结晶分析法都可以测定含氟量。氮提供了另一种测定相对年代的依据。氮与氟相反，骨骼埋葬的越久，其含氮量越少。含氮量和含氟量的测定结合使用可以得出骨骼相对年代的结论。如果我们想要弄清楚一个地层的所有骨骼是属于同一时代或属于不同的时代而再度埋入那个地层，这些测定法便具有特殊的重要意义。

石头，不管是埋在地里或露在地表，经过一段时间都要发生化学变化。这样的化学变化称为"石锈"——乳白色表层。地面上的燧石块停留在一个地点未经挠动，其底部生锈较多，露在地面上部分的锈则很轻微。不管生锈的原因如何，石锈的程度是当地的局部现象，不能用作区域性的比较。不过，如果比较一个遗址的几个不同地层的出土物，或比较从同一遗址地表所采得的不同器物，一旦发现生锈程度有差异，那么这些差

· 66 ·

《成都文物》陆续刊发《考古学概论》部分译稿，共12期，此为1985年第1期该系列文章首页。

考古学概论（续）

〔美〕詹姆斯·赫斯特著　　　　秦学圣　李小川译

四、氧16／18比率判代

氧16/18比率断代技术可以提供气候资料，主要是反映过去气温波动的情况。使用这种方法可以推断更新世气候的重大变化。已经初步用这种方法来分析深海泥心，也曾用来研究冰心。深海泥是沉积于海底的成层软泥，这种软泥堆积的速度很慢，每一千年可堆积一至数米。球房虫软泥除一部分泥土外，百分之三十至九十是出于有孔虫介壳的碳酸钙。有孔虫生活时期的海洋温度可以通过测定有孔虫介壳内碳酸钙所含两种稳定的同位素，氧—16和氧—18，的比率而得。由此而制作的温度图对于短期内的温度波动来说可能没有多大价值，因为海底穴居动物对海底沉积层和所改造。但对于长时期间的波动情况的反映是可靠的，可以为我们提供一个与海面温度相应的温度曲线。然后用这个海洋温度曲线与大陆的现象进行对照，基本上可以看出大陆的冰川前进或退缩的情况。所以这样的曲线就是更新世气候波动的记录，其中，后期的波动时代已经通过碳—14或钋231/钍230比率法测得了准确的结果。根据深海泥心所得的曲线可以推测更新世重大气候变动所延续的时期，这是各绝对年代测定法所不及的(Emiliani 1969)。

五、历法断代

能够与现代历法相对照的古代历法可以提供准确的年代。但历法的发展与高度的文化是分不开的，所以在考古中不常发现历法。希腊、罗马、埃及、迦太基、美索不达米亚，雅加坦等古文明中都有历法。而考古学者所研究的大多数文化中既无历法知识也无历法记载，必须利用其它方法进行断代。对于具有历法的那些文化来说，必须指出几点加以考虑。与考古学者关系重大的所有历法统须作少许修正，因为在太阳年和365天的一年之间存在差异。解决的办法是按照我们现代使用的阳历每四年额外加一天。古代历法中解决这种差异的办法有若干种，我们必须知道其所用的是哪一种办法，以便与我们现在的历法作准确的对照。可能存在过某种准确的历法，但由于某个时期已停止使用，现在已经成了一种浮动的年代系列。玛雅历法就是一例。它包括两个系统：最精确的长期系统三十七万四千四百四十年准确到日；缩略的很不精确的短期系统也可达二百五十六又四分之一年准确到日。当欧洲人与玛雅人接触时期，这种短期系统的历法仍在使用，从而我们可以把它的一些年代与阳历进行对照。然而，把玛雅历的长期系统与短期系统进行对照，导致两种不同的对照法，即古德曼、汤普森、马丁内兹(Goodman，Thompso，Martinez) 对照法(GTM对照法)和斯宾登(Spinden)对照法。用我们的阳历来表达，两种对照法之间相差260年。近年来这两种对照法之间的争论已得到解决：用刻有玛雅历长期系统年代的木质门楣作了碳—14测定，结果表明GTM对照法较为准确。（下转第69页）

70

《成都文物》陆续刊发《考古学概论》部分译稿，共12期，此为1985年第3期该系列文章首页。

四川省文物考古研究院名家学术文集

···· 译　文 ·······

考 古 学 概 论（续）

【美】詹姆斯·赫斯特著　　秦学圣　李小川译

六、钾—氩法断代

放射性衰变这一原理为我们提供了测定许多种类标本年代的手段。具有考古价值的同位素，其半衰期必然是能够为人类史前史提供适宜于应用的年代。有些同位素的半衰期为几小时或数日，衰变历时太短，显然不适于应用；另外一些，其半衰期太长。钾—40与由其衰变而产生的气体氩—40的比率是一种有用的判代手段。钾的半衰期为十三亿年，比碳—14的半衰期长得多。岩石（包括标志先后顺序的地层如火山灰堆积层等）的年代通过钾—氩法可以测得。但在遗址内发现的石器，却不能用这种方法去断代，因为石料的年代恐怕比其作为工具使用时的年代要早得多。这种方法主要应用于对含有文化遗物的层系中岩石的断代。在这种情况下，与文化遗物相当的钾／氩就可以建立起来。利用这种方法已经取得了有关人类遗存的一些最早的年代数据。当坦桑巴亚奥杜威峡谷最早文化层的年代为一百七十五万年这个数字发表时，被认为是早得出奇。然而，现在对于人类历史有多久的看法已经有了改变，钾/氩年代得到了承认。

七、古地断磁代

磁针指北方向与地理正北方向形成的磁偏角，磁针与水平面形成的磁倾角，随时间而变化。这些变化的情况已在四百年的范围内取得了数据。变化是按照有系统的方式进行的，可以标出一系列曲线。每隔一个特定时期这些变化要重复一次，具有周期性。要测某一特定周期标本的年代，只需取得既有的资料如器物烧造时的磁性北向。这似乎是不大可能的，但整个方法的关键在于这样的事实：泥土物件经过焙烧，其在烧制时的磁偏角便被永久地固定下来。用作古地磁测定采样的田野技术相当简单。最好的标本是火炉或焙烧过的地面的一部分。首先选定一块标本原地不动地使它与周围隔离，并用石膏灌注周围间隙使之固定，并在上面注明磁北向和地理正北向。然后将标本从地里取起运回实验室，测出标本永久固定的磁性，从而标出其在制造时的磁偏角。这样还不能得出年代数据，尚须确定标本所属的是哪一个400年周期。磁偏角的测定只能告诉我们标本可纳入某个周期内的适当部位。而确定标本究竟属于哪个特定周期，则取决于用考古方法所推断的标本的相对年代。首先我们必须通过随葬的陶片或其它器物属于某一特定的400一年周期，然后用古地磁法进一步确定标本在某一特定周期的某个20一年分段之内。

当我初学考古学这门课程时，古地磁断代尚处于讨论阶段；只是从理论上认识到它是古物断代有希望的方法。今天这种方法已经由奥克拉哈马（Oklahama）大学的罗伯特·杜波尹斯（Rodert Dubois）

71

《成都文物》陆续刊发《考古学概论》部分译稿，共12期，此为1985年第4期该系列文章首页。

172

考 古 学 概 论(续)

〔美〕詹姆斯·赫斯特著 　　　　秦学圣 李小川译

第四章 考古方法

(一) 遗址调查

考古工作者怎样发现他要研究的遗址？回答这个问题，首先我们必须给遗址下个定义。遗址是考古的基本单位。任何能显示古代人群活动的地点都可以称为遗址。这样来解说遗址未免太笼统，但我们却需要有这样的术语，既适用于出现少量陶片（或许是一个陶罐偶然破碎的结果）的区域，也适用于居住有数万人规模的复杂的城市。胸怀着关于遗址的这种具有伸缩性的定义，考古工作者有权按照自已的意愿研究古代文化的任何遗迹。举例而言，他可以按照自己的意愿记录一件器物，不论它是多么的小。另一方面，他的兴趣可以集中于较复杂的如象具有

建筑物的遗址。尽管有了关于遗址的笼统概念，考古工作者仍然不受拘束地按照自己的意愿进行研究。

使一般人感到好奇的最普遍的问题是：凭什么说你已经找到了遗址而且怎么知道在哪里寻找遗址？遗址自有其独特的表现。它们含有古代人活动的证据。遗址范围的表面通常可找到石器、陶片、或二者兼有。埋没在地下的遗址，往往显露于断层的剖面。另一种方法是凭经验对那些被认为是常由人居住的区域仔细地考察，这样的区域包括俯瞰河谷的高地的边缘地带。一旦你已经发现了遗址最多的区域内的某一特殊部分，就不难发现其他遗址。寻找遗址的最后一种办法就是到处调查。这是职业考古工作者所使用的一种有效方法。如果对一个区域无所了解，他就开始调查、探索直到发现遗址。一旦发

对用火用电及寺观、殿堂内的油灯、信徒在殿外烧香、蜡、纸等，要有专人看守。组织职工定期学习消防安全知识，经常开展防火检查。要组织一定的力量实行夜间值班巡逻，做到能及时发现火情、火警，能迅速处理。严禁在古建筑内吸烟和放鞭炮。对发生的火灾事故，要查明原因，应追究肇事者和领导者的责任并严肃处理。严格做到有法必依，违法必究。

四、对古建筑电气设备的安全要求。配电房不能设在古建筑内，应距古建筑有一定

安全距离，并符合安全规定；殿堂的照明线路要与生活用电分开，严禁乱拉乱接电线。各单位要对电源线路进行一次检查，陈旧老化的线路要及时更换；要经常对生活区的用电进行检查，教育职工不要偷电，以免短路发生火灾。

五、古建筑文物保护单位要有足够的消防水源，没有消火栓的要尽快安起，解决好消防水源。消防器材配备不足的，应及时添置。积极开展防火、灭火的宣传、教育工作、确保古建筑的消防安全。

《成都文物》陆续刊发《考古学概论》部分译稿，共12期，此为1986年第1期该系列文章首页。

考　古　学　概　论(续)

〔美〕詹姆斯·赫斯特著　　　秦学圣　李小川译

第五章

考古学上的概念

考古学上的一些概念中，首要的是我们常说的"文化"。简而言之：文化"是属于一个社会或人群的观念和行为的习得模式"。(Hasris 1971:629)泰勒对文化有较广泛的定义(Tylor 1871:1)："就广泛的民族志意义而言，文化（或文明）是包括知识、信仰、艺术、道德、法律、风俗以及人们作为社会成员而获得的其他才能和习惯的复合体。"

与生物演化相反，文化的演化受环境因素的制约较少。因为文化为人们提供了对付环境的防御物或缓冲器。衣服、火、语言等等都为人们提供了借以对付环境压力而保护自己的手段。此外，技术、工具以及与之有关的行为模式扩大了人们寻找食物和其他经济追求的能力。人们具有文化的结果使自己在某程度上从直接的生物淘汰（就达尔文提出的"适者生存"的意义而言）中解放出来。因此人们的体质形态仍然保持着概化状貌而不象其他许多动种高度地适应特定环境而使自身特化。人类最近在太空的活动成就充分表明了这种持续的生物概化性。

文化与生物演化的区别进一步表现在文化有快速改进的能力。生物遗传是通过个体的遗传质来实现的；因此任何淘汰变化需要

很长的时间。相反，文化所具有的那些行为模式是习得的，它们的传递取决于观察和交往。如果某些文化风习被认为是适用的或时麾的，人们会在很短的时间内争相效法。文化也会有偶然的差异性，或个性。这样的差异性严格地讲，往往是没有什么适应意义的。然而由于整个文化的基质保护了各个人免受环境的压力，非适应性的差异是允许存在的。这种自由是文化的最大优越性之一，因为它允许发展一些文化特质在以后可能会有适应作用，至少会满足消遣和智力的需要。用这种观点来考察文化史，可以得出这样的认识：文化演化中没有遗传的或先决的前后顺序。文化的演化的确也有方向性，但它可能从简单演变到复杂，也可能从复杂演变到简单，或者可能在一段相当长的时期内没有什么变化。文化也可能通过施加压力来影响人类的体质演化。但总的说来，文化随着时间的推移变得越来越复杂，而就历史上每一时期的每个区域而言则不尽然。由于文化是可以分享的习得行为，所以也能被另一种文化所吸收。在这种情况下，在文化母体内经过长期发展起来的某些文化特质，可能在另一种文化内迅速而广泛地传播。人们只要看一看行销于全世界的可口可乐就会意识到，未来的考古学家认为，凡是存在可口可乐瓶子的遗址（不管是在哪里发现的）都是属于同时期的。与生物进化相反，在不同的区域内，文化特质也可能是独立发明的而不

65

《成都文物》陆续刊发《考古学概论》部分译稿，共12期，此为1986年第2期该系列文章首页。

考 古 学 概 论（续）

〔美〕詹姆斯·赫斯特著　　秦学圣 李小川译

第五章
考古学上的概念

（三）　空间单元

空间是连续的统一体，下面要讲的各空间单元的总和具有一定的变异性。因此一个单元等于多大的空间是人为决定的。同时史前文化对空间的要求随其经济、人口和其他变量的不同而各异。既然空间是考古学家任意决定的，那么我们怎么能够达成一致呢？一个最好的办法是沿用某些考古学权威所使用的定义，尽管那些定义也是任意作出的，但可利用来致力于约定俗成。被广泛采用的一系列定义是威利和菲利普斯（Willey and Philtips）于1958年发表的《美国考古学的理论和方法》（Merhod and Theory in American Archaeology）中提出的。

"遗址是考古学家应付的最小空间单元，也是最难以下定义的。它的自然界限——可以从几平方码到许多平方英里——时常不能确定。一个遗址通常所要求的唯一必需条件是：相当连续地堆积有前人居住时所留下的遗物，而且这些遗物属于居住单元——可能是从一个小营地到一座大城市之间的任一范围。当然，在具体发掘时所遇到的情况并不那样简单。遗址是层位研究的基本单元，几乎可以肯定地说：这里的文化变迁只能是时间变迁的结果。它实际上是地理空间中适于操作的最小单元。"（第18页）

"地方（locality）是稍大的空间单元，其变异范围可以从一个单独的遗址到一个无定限的区域，通常不小于一个单独的社区或群体所据有的空间。几乎无须补充说明，就这样所定的界限而言，不同社会的群体聚居方式和规模是有差异的。而就严格的考古学术语而言，地方是一个地理空间，其范围大小的要求是，足以能够对任一特定时期充分的文化同一性作出有效的推论。"（第18页）

"地区（region）是地理空间较大的单元，其范围往往取决于对历史的推想，时常不过是一个或一组考古工作者聚精会神研究的结果。不管正确与否，这样产生的一个'地区'被认为具有其本身的特殊问题而与其他地区迥然不同。地区的名称时常出现于比遗址范围较大的考古文献的标题。通过不断地重申，这些地区的名称在文献中固定使用，达到了独立存在的程度。然而，地区不能完全脱离地理实际。在强调偶然因素的同时，决不能忽视对环境的考虑。在新世界（也包括旧世界）的某些部分，自然条件明显不同，考古学上的地区有可能与小型自然地理区划相偶合。"（第19页）

"区域（anea）是比地区大得多的空间单元，基本上与民族志学者所谓的文化区相当。考古学上的区域象地区那样，是通过共同认可而得以存在的。但是某些个人和团体所从事的调查研究多少减弱了历史的偶然作用。区域趋向于同大的自然地理区域相偶

《成都文物》陆续刊发《考古学概论》部分译稿，共12期，此为1986年第3期该系列文章首页。

2.《印第安人的房屋建筑与家室生活》（*Houses and house-life of the American*）

1992年，秦学圣与汪季琦、顾宪成合译的美国学者路易斯·亨利·摩尔根的著作《印第安人的房屋建筑与家室生活》（*Houses and house-life of the American*）由文物出版社出版（见图版9）。

路易斯·亨利·摩尔根（Lewis Henry Morgan，1818年11月21日–1881年12月17日），出生于纽约州奥罗拉，是美国知名的人类学家和社会理论家，并且是十九世纪美国最伟大的社会科学家之一。他毕生孜孜不倦地致力于科学事业，对原始社会历史和民族学的研究、对人类文化作出了巨大的贡献。最广为人知的是他讨论亲属和社会结构的作品、社会演化理论，他的易洛魁人民族志——《易洛魁联盟》。由于对于亲属关系的研究，摩尔根是早期支持美国原住民在古代由亚洲迁徙而来这个理论的学者。他的社会理论影响了后来的左派理论家。摩尔根是唯一受到查尔斯·达尔文、卡尔·马克思和西格蒙德·佛洛伊德三人引用的美国社会理论家。

摩尔根长期研究印第安人的社会制度，对人类的婚姻、亲属制度，作了大量的研究。他一生著述很多，最重要的学术著作《古代社会》于1877年出版，在此书中，他指出氏族是原始社会的基本细胞，继而提出原始的母权制氏族是一切文明民族的父权制氏族以前的阶段。《印第安人的房屋建筑与家室生活》（1881年出版）是摩尔根撰写的最后一部科学论著，原是《古代社会》的第五编，旧题为《房屋建筑观念的发展》，因篇幅过长，后作为单行本发行。书中系统地描写了印第安人住房的发展过程，把这个过程和他们的社会发展联系起来。该书论述的基本问题是：家庭建筑向人类学者在社会组织方面所显示的意义，以及社会组织如何与生产技术体系、与生态学的调查相结合，从而影响家庭建筑和社会建筑。书中指出，印第安人建筑的一切形式都源于同一个思想，它表明相类似的需要所产生的相同概念具有不同的发展阶段。他们的建筑形式相当完整地代表了印第安生活的几种状态。从易路魁的长屋到新墨西哥、尤卡坦、恰帕斯和危地马拉用土坯或石头建成的群居大房屋，形成一整套房屋建筑体系。诸部落进步程度不同，其房屋形式也多种多样。把这些从共同的经验、类似的需要、相同性质的制度下产生的不同形式的房屋作为一个体系研究，就可看出它们所揭示的一种新奇、原始而独特的生产生活方式。与摩尔根过于狭窄地理解功能的要求相关，书中也有失误和偏颇之处。他误解了阿兹特克人和玛雅人的社会结构，并把俄亥俄和密西西比河流域的土墩（一种墓丘）误作为房屋建筑。但这本书的价值仍在，西方学者认为至今还没有一本类似的书能取代它。它对于民俗学研究也有重要的借鉴作用。

印第安人的房屋建筑
与家室生活

〔美〕路易斯·H·摩尔根　著

秦学圣　汪季琦　顾宪成　译

秦学圣　校

四川省文物考古研究所

文　物　出　版　社

〔美〕路易斯·亨利·摩尔根著，秦学圣、汪季琦、顾宪成译，秦学圣校：《印第安人的房屋建筑与家室生活》部分内页书影。

秦学圣卷

177

目 录

导论 （1）

序言 （20）

第一章 社会和政治组织 （24）

第二章 款待宾客的规矩及其普遍性 （64）

第三章 生活中的共产制 （86）

第四章 关于土地和食物的风俗习惯 （102）

第五章 新墨西哥北部印第安人的房屋建筑 （129）

第六章 新墨西哥定居印第安人的房屋建筑 （163）

第七章 圣胡安河及其支流定居印第安人的房屋废址（190）

第八章 圣胡安河及其支流定居印第安人的房屋废址
　　　　（续）（216）

第九章 筑丘人的房屋建筑 （240）

第十章 阿兹特克人或古墨西哥人的房屋建筑 （264）

第十一章 优加坦和中美洲定居印第安人的房屋废址 （292）

译校后记 （318）

1

［美］路易斯·亨利·摩尔根著，秦学圣、汪季琦、顾宪成译，秦学圣校：《印第安人的房屋建筑与家室生活》部分内页书影。

178

导　论

　　十九世纪的社会思想家,象路易斯·H·摩尔根(Lewis H.Morgan)那样对二十世纪有如此广泛影响的人实在屈指可数。所有名垂后世的社会科学家都至少通过两种途径影响他们的社会:一种是直接通过他们对社会科学或哲学的贡献达成的;另一种是隐密地改变考察世界和社会的整个文化观点的模式。可以把这两种影响视为科学战线和第五纵队。很少有学者象摩尔根那样如此生动有力地体现出科学家与第五纵队队员之间的区别。

摩尔根的地位及其影响

　　众所周知,摩尔根在纽约州的罗彻斯特经商并从事律师业务,但他大部分时间却在自费进行广泛的民族学研究①。虽然他和纽约州的一些博物馆和在鲍威尔(Major J·W·Powell)领导下的美国民族学局有密切的关系,但一直处身于学府的漩涡之外(他曾经谢绝过康乃尔大学的聘请)。

　　摩尔根认为自己是一个科学家,他最具说服力的主张之一——建立新的、科学的民族学——就是在本书末提出的。他的社会科学尽管在事实和解释方面尚存在问题,但在两种意义上是正确的:它为这个学科的进展开辟了道路,它的宗旨改变了西方世界流行的主观想象。可以要求一个人对他自己的科学工作负适当的责任,而不能对其所涉及的一般文化的理论有苛刻的要求。

　　摩尔根是马克思和恩格斯的最早激励者之一。恩格斯关于家庭的书,是在摩尔根著作基础上修改而成的。马克思为要写一本关

1

序　言

本书原以《房屋建筑概念的发展》为题，作为《古代社会》原稿的第五编。由于超过了一本书篇幅的限度，这一部分（第五编）被取掉了。当时无意把它单独出版，其大部分内容曾分成单篇发表。我为约翰逊的《新百科全书》(Johnson's New Universal Cyclopedia) 写过一篇概述，题目是《美洲土著的建筑》。以《阿兹特克人的房屋建筑》这一章为基础写成的《蒙特左玛的正餐》发表于《北美评论》(North American Review)1876年4月号。另外一章，《筑丘人的房屋建筑》，发表于该刊1876年7月号。最后，在今年，应剑桥"美国考古学会"常务委员会之约，我利用上述材料写了《印第安人的房屋建筑与家室生活的研究》一文，附有在新墨西哥、亚利桑那、圣胡安区域、优加坦及中美洲的房屋废址的勘查方案。

本书内容经过增删仍保留原来的形式，由于现在的发行面要比上述那些论文的发行面大，所以这些内容对大多数读者来说仍是新颖的。经过修订，这些资料和所提出的一些看法也得以表现其适当的连贯性。总的说来，论证得到了加强。这种建筑的各种形式都出自一种共同的意向，因而显示了若干具有相同起源的部族的各相应发展阶段的类似需要。它们也相当完整地反映出印第安人生活的几种状况。从易洛魁人的"长屋"到新墨西哥、优加坦、齐阿帕斯和危地马拉用土坯砖和石头建成的"联合大公寓"，都可以看出他们的房屋形成了一种建筑体系。这种体系反映出这些部落处于不同发展阶段而自然产生的一些差异。但是作为出自共同经验和相似需要而且处于性质相同的风俗制度下的一个体系来研究，就可以看出这些房屋建筑表明了印第安人独特的生活方式。

20

[美] 路易斯·亨利·摩尔根著，秦学圣、汪季琦、顾宪成译，秦学圣校：《印第安人的房屋建筑与家室生活》部分内页书影。

第一章

社会和政治组织

在前一著作①中我已探讨过美洲土著的氏族、胞族和部落的组织以及每种组织在他们社会体系中的功能。对此，有必要就这种组织系列的每一组成部份的主要特征，这种组织的重要性及其社会、政治生活的适当理解，扼要地加以重述。

氏族组织是人类最古老、最广泛实行的制度之一，它提供了亚洲、非洲、美洲和澳洲古代社会的几乎普遍存在的政府形式，它是社会借以紧密地组织起来的纽带。氏族组织自蒙昧时代经过野蛮时代的三个阶段一直延续到文明时代初期的政治社会。希腊人的氏族(gens)、胞族(phratry)和部落(tribe)，罗马人的氏族(gens)、胞族(curia)和部落(tribe)都是美洲土著的氏族、胞族和部落的完全对应语。同样，爱尔兰人的sept，苏格兰人的clan，阿尔巴尼亚人的phrara，以及梵语的ganas，诸如此类，都和美洲印第安人的氏族一词具有同样涵义。印第安人的氏族常被称为clan。就我们所知，这种组织遍及古代世界的各大洲，而且随着那些已达到文明时代的部落进入历史时期。不仅如此，无论何处发现的氏族社会，其组织结构和行动准则都是一致的，而且随着人类的不断进步，从低级形态而逐渐演变到高级形态。这些变化反映了那些相同起源概念的发展历程。

24

［美］路易斯·亨利·摩尔根著，秦学圣、汪季琦、顾宪成译，秦学圣校：《印第安人的房屋建筑与家室生活》部分内页书影。

第二章

款待宾客的规矩及其普遍性

美洲发现之初,其大陆几个部分的印第安部落的状况各不相同。停留在原始状态的部落没有制陶术,也没有园艺术,因而尚处于蒙昧时代,但在生活技能方面已进步到蒙昧时代的高级阶段,已经有了弓箭。它们就是哥伦比亚河流域、哈得逊海湾区域以及在加拿大、加利福尼亚、墨西哥的某些地区和南美洲沿海一带的一些部落,都还不知道使用陶器和种植玉蜀黍及其他植物。他们依靠鱼类、面包果、块根和猎物为生。其次是处于上述各部落和村落印第安人之间的过渡状态的一些部落。他们依靠鱼类、猎物和有限的种植产品为生,已经达到了野蛮时代的低级阶段了。他们是易洛魁人、新英格兰和弗吉尼亚的印第安人、克里克人、拆洛歧人和绰克托人、勺尼人、迈安密人、曼丹人、明尼达里人和美国密苏里河以东的其他部落的人以及墨西哥和南美洲的某些进步程度相同的部落的人。他们之中有许多是住在村落里的,有些村落并设有栅栏防卫,但是他们的村落生活不象在最进步的部落中间那么明显而普遍。再就是地地道道的村落印第安人,他们差不多完全依赖种植为生,他们用灌溉的方法种植玉蜀黍和其他作物。他们用风干土坯砖和石头建造联合大公寓(joint tenement houses),一般都有两层以上。这些就是在新墨西哥、墨西哥、中美洲以及安第斯高原上的各部落。它们处于野蛮时代的中级阶段。

武器、技艺、风俗习惯、发明创造、建筑和制度以及政府形式之完全相同,含有共同的心理特征,并且广泛地显示了各个相同起

64

[美]路易斯・亨利・摩尔根著,秦学圣、汪季琦、顾宪成译,秦学圣校:《印第安人的房屋建筑与家室生活》部分内页书影。

第三章

生活中的共产制

我们现在来考察一下前章所提到的、但未及讨论的风俗习惯：生活中的共产制。

野蛮时代晚期阶段以前，家庭组织的力量十分薄弱，不能单独地对付生活中的斗争。生活中的共产制就出于这时家庭的需要。在蒙昧时代和野蛮时代的早期和中期，家庭实行对偶制，这是从以前的较低级形式过渡而来的①。凡是氏族组织盛行的地方，有血缘关系的几个家庭通常是联合组成一个共同的大家室，并有公共的食物储存，这些食物是从渔猎和栽培玉蜀黍及其他植物而获得的。他们建造联合大公寓，足够几个家庭居住。因此，在美洲大陆发现以前，其所有地区，没有独占一座房子的单个家庭，通常存在的是大家室制。这种食物的共有仅限于大家室之内，但是，生活资料的决然平均化多少受到款待宾客的规矩的影响。在很大程度上生活中的共产制是印第安部落的生活条件的必然结果。这种共产制影响到他们的生活方式，而且它决定了他们房屋的特征。实际上，这是为了获得给养而采取的联合努力，而这种联合努力在生活上是必需的，而且占有支配地位。在他们心里还没有产生任何可见程度的个人蓄积的欲望。只要把世界各大陆广泛盛行共产制的一些野蛮部落的情况，和文明终于出现时的较进步的、而且这种古老习惯尚未完全消失的一些部落的情况作一比较，这种情况就可以弄明白了。古希腊人的公用食橱和晚期希腊人的共餐台似乎就是较古老的生活中的共产制的遗存。虽然还没把共产制作为专门问题进

86

［美］路易斯·亨利·摩尔根著，秦学圣、汪季琦、顾宪成译，秦学圣校：《印第安人的房屋建筑与家室生活》部分内页书影。

第四章

关于土地和食物的风俗习惯

土 地 公 有

在易洛魁人中，部落的领土由部落掌握并属部落所有。个人所有权，即可以出售或无条件转让给别人的权利，在他们中间是不存在的。还需要两个相继的文化时期的经验与发展，人类才会取得可以无条件转让的土地财产个人所有权的知识。在印第安人生活中，没有人能够得到绝对的土地所有权。按照习惯，土地所有权是属于整个部落的，而且他们从未有过由法律规定的土地独有权可以出售或转让产业的概念。但是他们可以用开垦的办法使未占用的土地为他们所占有，而且只要他们这样地耕种下去就能享有这块土地的保有权，这种权利是部落所承认而予以尊重的。园圃、种植地、长屋里的居室以及后来的果园，是由个人和家庭所保有。这样的保有权是为了他们充分享用和保护他们的利益所必需的。一个人可以把他的权利转移或赠给同部落的其他人，也可以按既定习惯通过继承而传给他的氏族血亲。这就是在美国和英属美洲地区内处于野蛮时代低级阶段的印第安各部落关于土地和居室所有权的具体的印第安制度。在以后的时期中，当美国的州政府或中央政府取得印第安人的土地因而给予补偿金时，土地的补偿金交给部落，而土地改良的补偿金则交给拥有土地保有权的个人。在辛尼加-易洛魁人的通那万答(Tonawanda)保留地，土地的一部分分为若干块田地，并围以篱笆，由个人分别占有，土地

102

[美] 路易斯·亨利·摩尔根著，秦学圣、汪季琦、顾宪成译，秦学圣校：《印第安人的房屋建筑与家室生活》部分内页书影。

第五章

新墨西哥北部印第安人的房屋建筑

　　房屋建筑观念的发展,一般说来,是一个比本书所涉范围更广泛的课题。但是,引起我们注意的是这种观念发展的一个阶段,即当社会与家庭处于蒙昧和野蛮状况的阶段。这在美洲土著的居住建筑作为整体和作为一种体系的部分中可以见到。作为一种体系,它和前几章所叙述的制度、风俗习惯是有联系的。不仅从印第安各部落的集体建筑中所得到的丰富资料证明,在印第安人中,人类在建筑方面的伟大才能或智慧通过三个文化时期的逐渐发展,而且各建筑结构本身或对它们的了解仍然可以彼此对照比较。一经比较就可以看出它们属于一个共同的固有建筑体系。所有的建筑,从原始的茅棚到墨西哥和中美洲村落印第安人的宽敞的联合大公寓都贯穿着一个共同的原则,可以帮助阐明问题。

　　村落印第安人固有的建筑,比其他任何事物更能表明他们在人类心目中的地位。他们社会状况的其他方面是暧昧不明的,令人遗憾,因而现存的建筑遗迹更有助于弄清他们的社会状况。在西班牙征服时期,墨西哥和中美洲印第安人的巨大建筑颇令人惊异,甚至钦佩。从其宏伟的规模、建筑材料或装饰特征来看,他们的建筑技巧应受到高度的称赞。但是,对于这种建筑艺术,一直就有一种错误的解释(我想,是可以指得出来的),而且有关这些部落的社会状况和进步程度的推论,经常是从这种荒谬而不足信的错误解释引申出来的,而较为可信的则是土著平易的事实真相。我的目的是要解释这些建筑和印第安部落的风俗习惯是协调一致

129

[美]路易斯·亨利·摩尔根著,秦学圣、江季琦、顾宪成译,秦学圣校:《印第安人的房屋建筑与家室生活》部分内页书影。

第六章

新墨西哥定居印第安人的房屋建筑

我们接下去研讨定居的村落印第安人的房屋和生活方式。他们的建筑显示了较高的发展,使用耐久的材料,贯穿着防御和适应共产制生活的原则。后一条原则作为这类建筑物的主要特征之一在新墨西哥、圣胡安河地区,以及以后在墨西哥和中美地区不难发现并有迹可寻。在所有这些地区,由于实际上只有一种生活方式,所以也有一种与之相关联的房屋建筑系统。

在新墨西哥的南部印第安人被发现的时期,可以看到印第安人穿着新式服装,过着改进的生活。他们已经迈过了野蛮时代的低级阶段,跨入了中级阶段;他们所住的房屋是用土坯或石头砌成的,高达二、三、四层,有时候达五、六层,有五十至五百个房间。他们利用灌溉沟渠种植玉米和其他作物。水来自溪流,从村庄以上某一地点流下来,经过一行行的田园菜畦。他们穿棉制的披衫①,也穿兽皮做的衣服②。新墨西哥目前的村落印第安人多半是他们的后裔。他们中间一些人住的房屋,同1541~1542年科罗纳多去新墨西哥考察时他们祖先在阿科玛(Acoma)、席美兹(Jemez)和陶斯所住的房屋完全一样。虽然他们的生活方式在相当的时期内在某些方面有所变化,但是可能迄今仍然象十六世纪时一样,是从祖尼(Zuni)到库兹科(Cuzco)一带村落印第安人生活的一个适当范例。

新墨西哥北部的印第安人建筑的房屋没有高过一层的,使用树杆或木料搭成房架盖上席子或树皮或覆以泥土,没有比这更耐

163

[美]路易斯·亨利·摩尔根著,秦学圣、江季琦、顾宪成译,秦学圣校:《印第安人的房屋建筑与家室生活》部分内页书影。

第七章

圣胡安河及其支流
定居印第安人的房屋废址

人们在新墨西哥及其目前地界以北,沿圣胡安河及其支流地带,发现村落印第安人的最精美的建筑物。这些建筑物无人居住,并已成为废墟,甚至连建筑物所在的主要地区,现在也未见住有这类印第安人;而阿帕奇人(Apaches)和乌特人的野蛮部落却在那里游动。这些倒塌被弃的村落的最令人注目的村群位于查可河的峡谷或河谷,这是科罗拉多河支流圣胡安河的一条支流。在阿尼马斯河谷(Animas River)和在科罗拉多州西南部乌特山(Ute Mountain)的山区中也发现相似的石筑村落的废址。在普拉塔河谷(La Plata Valley)和曼考斯河西边蒙特左玛河谷(Montezuma Valley)中见有用卵石和粘土灰浆砌成的小型单幢房子和用同样材料建成的大型村落的废址群。在曼考斯河畔有众多的石筑崖屋,还见有圆形石塔,其用途现在还不知道。在陶洛斯河(Dolores River)畔也见有崖屋,在采利河(Rio Chelley)峡谷中还见有其他遗址。

认为墨西哥以北有石砌建筑物地方的村落印第安人已取得其最高文化成就,并达到了他们的最高发展阶段是合乎道理的。这些石砌建筑物在风格和布局上同目前新墨西哥有人居住的村落相似,但在建造方面则更优越,因为石头总比土坯或卵石和粘土灰浆优越。就其大小和容纳程度而言,即使不算更大,至少也和北美洲曾经建筑过的任一印第安人村落相当。这使我们对就要探讨的废

190

[美]路易斯·亨利·摩尔根著,秦学圣、汪季琦、顾宪成译,秦学圣校:《印第安人的房屋建筑与家室生活》部分内页书影。

第八章

圣胡安河及其支流
定居印第安人的房屋废址（续）

查可河印第安人村落以北约 60 英里的阿尼马斯河河谷中有与前述村落很相似的石建筑村落群。1878年我对这些村落进行过考察。这个地方及以上数英里和下至谷口的谷面都很宽阔。在我们考察的时候（7月22日），河面也宽，流量很大。在分水岭发源处河流还是一条小溪，我们从那里沿河往下走，经过几乎整个西佛顿（Silverton），到了阿尼马斯城。山溪的不断汇集和河床陡降使它骤然成为一条咆哮奔腾的山涧。在阿尼马斯城以上约20英里的地方，我们为了绕过下面无法通过的窄小峡谷，被迫爬上河谷旁的大山顶部。从阿尼马斯城往下去考察那些村落时，我们越过普拉塔河谷；过后，为了避开类似无法通过的峡谷，重新越过阿尼马斯河谷。村落里有充沛的灌溉水源。

图 40 所示的① 村落是在新墨西哥位于阿尼马斯河西边一英里方圆之内的四个村落之一，离河口约12英里。在同一地区，除了这四个之外，还有五个较小的建筑得较差的废址。这个村落或许有五六层高，由 368 英尺长的主房和两面的边房所组成。边房左、右外墙长 270 英尺，内侧从连接主房一端起长 199 英尺。第四个建筑物把一边房的末端和另一边房的末端连起来，从而围成一个场院。它建成一排或二排房间的宽度，稍许向外凸出，使场院面积扩大了一些。主房和边房都建成所谓的梯田式，就是说主房和两个边房靠场院的第一排房间只有一层高。其后的第二排房间有

216

［美］路易斯·亨利·摩尔根著，秦学圣、汪季琦、顾宪成译，秦学圣校：《印第安人的房屋建筑与家室生活》部分内页书影。

第九章

筑丘人的房屋建筑

迄今所述印第安部落的房屋建筑和家室生活的概况有助于加强即要说明的关于筑丘人土工工程的假设。除了借助于北方部落的长屋和定居印第安人的联合大公寓之外，筑丘人的这些土工工程几乎是无法解释的。筑丘人用天然铜制作器物、种植玉米和其他作物；制造的陶器和石器比野蛮时代低级阶段的部落所制造的更高级；他们修筑巨大的土工工程，比先前的部落所筑的任一工程都更优越。他们大体上可归属于定居的村落印第安人，尽管和村落印第安人相比并不是在各方面都具有同等的文化和发展程度。他们所筑的围绕长方形空地的"堤防"，很可能是他们建筑房子的基础。下面我将根据这一假设来对这些"堤防"作一探讨。

以前主要居住在俄亥俄河谷及其支流一带的某些不知名的美洲土著部落都被称为"筑丘人"。在别处也见到他们生息的迹象，从墨西哥湾到伊利湖和苏必利尔湖，从阿勒格尼斯(Alleghanies)到密西西比河，以及这条河西边的一些地方都有筑丘人(Mound-Builers)。

本章讨论不涉及这些"堤防"的工程，只限于筑丘人的四个主要问题：

1.筑丘人必然有美洲土著家室生活的习俗。

2.移入这些地区的筑丘人所由来的可能的中心。

3.他们主要土工工程的原定用途——给其中一个村落作推测性的复原。

240

第十章

阿兹特克人或古墨西哥人
的房屋建筑

关于墨西哥印第安人村落的最早的一些报道在欧洲引起了强烈的轰动。在西印度群岛，西班牙发现者见到由酋长统治的一些印第安小部落，但在大陆上的墨西哥河流域内，他们发现了较为先进但也在酋长统治下的由三个部落组成的联盟。在河谷中段有一个大的印第安村落，也是美洲最大的村落，四面环水，经堤道通达，在完好状况下是一座用印第安人方式的袭击不能攻克的堡垒。这些村落向西班牙冒险家们展示出一个落后于欧洲人社会两个文化时期的印第安人社会的奇特景象，但却具有一个政府和明智的、有秩序的、甚至是完善的生活方式。连续三个世纪，人们出于好奇心渴望作更详细的了解，已出现了大量的著作，比以往任何时候关于人数相当而同样重要的民族所写的著作都多。

占领墨西哥印第安村落的西班牙冒险家把蒙特左玛看成国王，把阿兹特克人酋长看成大臣，把蒙特左玛和他的同家族的人按印第安人方式居住的一所联合大公寓看成宫殿。在当时，这种自欺之谈可能是避免不了的，因为他们对于阿兹特克人的社会制度毫无所知。不幸的是人们在误解印第安人生活的基础上把它作为美洲土著历史的开端。直至最近，这种误解实际上从没有被人质疑过。最初的一些目击者给这部历史定了基调，把蒙特左玛说成是一个国王，住在位于人口众多的一个大城市里的一所宏大宫殿内，侍从簇拥，而且还是该城市的十分显要的统治者。但是后来认

264

[美]路易斯·亨利·摩尔根著，秦学圣、汪季琦、顾宪成译，秦学圣校：《印第安人的房屋建筑与家室生活》部分内页书影。

第十一章

优加坦和中美洲定居印第安人
的房屋废址

在发现优加坦、齐阿帕斯和危地马拉时期,这几个地区的人口可能比北美洲任何其他面积相当的地区的人口稠密得多;居民也比其他地区的土著进步得多。他们沿着大河和溪流建立村落,往往彼此邻近。这些村落可能和同时期在格兰德河、查可河、圣胡安河以及更早时期的希奥托河河谷中的村落的住居情形和生活的景况相同。它们是由单所或一组彼此接近的大房屋形成的。某些地方有四所或更多的房屋在同一高起的台地上聚筑在一起;假如有好几个台地,每个台地上就有一所或更多所大厦,其中一所专用于宗教活动,另一所房屋的一部分则专作社会活动和公务之用。根据发现的废址或已知的这些印第安人历史方面的情况,我们没有理由猜想任一印第安人村落的居民达到过一万人。没有一个部落或部落联盟在这些地区的任何地方曾经以兼并周围部落的方式来取得霸权。相反地,它们总是处于分立、自主的状态,而且都有氏族组织。联盟很可能产生于操同一方言的邻近部落之间,如锡博拉人可能存在的联盟那样,也象我们所知道的阿兹特克人、台兹枯坎人和脱拉考帕人 (Tlacopon) 那样的联盟。组成联盟的各部落都操共同的语言。

在上述地区,尤其是在优加坦和中美洲,村落印第安人的巨大石筑房屋比其他任何方面都更多地赢得人们的赞赏。这些房屋是印第安人最优越的建筑工程。可以想见,人们一开头就误解了房

292

译校后记

摩尔根这部著作最早于 1881 年由华盛顿的政府出版局作为《北美民族学文献》的第四卷出版。后又作为美国人类学家保罗·博安南所编的丛书《人类学名著》之一于1965年由芝加哥大学出版社出版,博安南还为本书写了《导论》。我们翻译的就是这个版本。

这本书的名称(Houses and House-life of the American Aborigines)原可译为《美洲土著的房屋建筑与家室生活》,考虑到它的内容完全是属于印第安人的,因此我们把它更明确地译为《印第安人的房屋建筑与家室生活》。

摩尔根在本书的《序言》中提到:"第一章是《古代社会》中关于氏族、胞族、部落和部落联盟四章的摘要。正如是那部著作的必要部分那样,它们也是这部著作的必要部分。"第一章的某些段落是《古代社会》中相应段落的重现,所以我们在译校第一章时着重参阅了《古代社会》的原文本和中文译本。这对我们很有助益。我们尽量沿用《古代社会》中翻译的名词;有少数名词经考证后按照我们的理解翻译,例如作为氏族名称的 Spanish(原译:西班牙的)一词我们译为"长毛垂耳小狗",Royal(原译:皇家的)一词我们译为"狮子"等;文句也没有完全照录。

博安南在《导论》中说:"摩尔根在其每一本书的开头总是扼要重申他以前的论旨。""注意前后文的关系,可以看出摩尔根后一著作的观点存在于其前一著作。"我们希望本书的翻译能有助于读者通过摩尔根这部最后的著作,进一步熟悉他以前的著作。

本书的翻译工作始于 1976 年前后,中间因故中止,至 1978 年方又恢复翻译工作。《导论》由秦学圣翻译;《序言》和第一至五章

318

[美]路易斯·亨利·摩尔根著,秦学圣、汪季琦、顾宪成译,秦学圣校:《印第安人的房屋建筑与家室生活》部分内页书影。

由汪季琦翻译；第六至十一章由顾宪成翻译。全书由秦学圣校订并对文字作了统一和协调。因我们的水平有限，译文中错误和不妥之处恳请读者不吝指正。

在译校过程中得到中国社会科学院考古研究所王世民先生和四川省文物管理委员会朱秉璋、沈仲常先生的鼓励和帮助，本书的出版得到四川省文物考古研究所和文物出版社的大力支持，谨此表示深切的谢意。

译者

一九八二年四月于成都

［美］路易斯·亨利·摩尔根著，秦学圣、汪季琦、顾宪成译，秦学圣校：《印第安人的房屋建筑与家室生活》部分内页书影。

3.《考古人类学》（*Anthropology for archaeologists*）

1984年1月始，秦学圣将翻译的《考古人类学》分章节发表在《四川文物》，全书除《导论》外共有九章，原计划将全部刊发，但连续发表了6期后（导论和第一章），因故未再续刊。

《考古人类学》的原著作者系英国埃克斯特大学（Exete University）的蓓安尼·奥姆（Bryony Orme），该书由美国康乃尔大学出版社于1981年出版。作者认为人类学对于研究古代社会最大的潜在价值不只是帮助鉴定古代器物或对研究人类活动的某一个方面有所帮助，更重要的是为恢复古代社会的人类生活提供格式。本书通过许多事实说明对现代无文字社会所进行的人类学分析可以填补零碎的考古发掘资料所遗留的空白，试图在人类学和考古学之间架设可靠的桥梁。

考古人类学

[英]
蓓安尼·奥姆 著

秦学圣 译

〔《考古人类学》（Anthropology for archaeologists）系英国埃克斯特大学（Exete University）蓓安尼·奥姆（bryong Orme）所著，由美国康乃尔大学出版社于1981年出版。作者认为人类学对于研究古代社会最大的潜在价值不只是帮助鉴定古怪器物，或对于研究人类活动的某一个方面有所帮助，更重要的是为恢复古代社会的人类生活提供格式。本书通过许多事实说明对现代无文字社会所进行的人类学分析可以填补零碎的考古发掘资料所遗留的空白，试图在人类学和考古学之间架设可靠的桥梁。全书除《导论》外共有九章，将陆续 在本刊发表。译文错误和不妥之处，敬请指正。——译者〕

导 论

自从考古学最初获致激动人心的成就以来，考古学家一直在利用人类学为他们服务；但是，现在还有许多考古工作者对于什么是人类学没有一个明晰的概念，人类学所具有的对考古学作出贡献的潜力没有受到应有的重视。然而人类学家对于他们自己的学科也缺乏共同的确切定义，但他们大多认为，人类学包括对各个尚处于原始状态的社会的描述和分析，这些社会与现代工业化世界的复杂社会相比，既无文字也无工业，而且是小规模的。人类学家也研究有文字的和城市化的民族，还研

究组织规模较大的社会，从而闯入了地理学家和社会学家的领域。不过，人类学的核心仍然是研究小规模社会。

在考古文献中"人类学"通常指的是民族志。"民族志"这个词越来越陈旧了，它本来指的是在另一文化中所进行的描述性 田野工作，以区别于对描述性资料进行分析和解释的社会人类学（具体指的是民族学，下同——译者）。考察澳洲土著如果仅限于描述，可以说是民族志，而引用 大量澳洲土著民族志资料的亲属制度研究，则属于社会人类学的范畴。民族志和社会人类学之间的区分，现已开始失去意义。因为田野工作不可避免地要进行分析和解释，所以这种区分公然也遭到摒弃。另一方面，"民族志"这个词还带有十九世纪陈旧的田野工作和缺乏生气的博物馆的强烈气味，所以需要明智地予以废除。但是本书定名为《考古人类学》而不叫做《考古民族志》并非出于

上述原因。《考古人类学》强调考古学者不可单纯地利用民族志资料，而需要利用 人类学（民族学，下同——译者）研究的整个领域。

希望本书能在一定程度上使考古学者熟悉释族志的范围，并使他们达到 人类学分析和解民的高度。它不是一部包含大量有用资料 的百科全书，而是把考古学者引向人类学的一个步骤，促进考古学和人类学这两门学科在人类文化研究方面恢复互助合作关系。

历史回顾

考古学家和人类学家一直在认 真地思考这两门学科是否 有很大的互补作用，特别是考古学能否从民族志取得补益。对于这类问 题的一些不同意见，下面将要具体地加以评述，因为这些不同的意见对于这两门学科新近的 发展有相当大的影响，关键问题是；考古学和人类学

《四川文物》刊发《考古人类学》部分译文，此为《考古人类学——导论》首页，
发表于1984年第1期。

考古人类学

——导论（续）

〔英〕蓓安尼·奥姆 著

秦学圣 译

美洲、近东及邻近地区的民族志文献中寻找具有相似社区的社会的例证。例证是那样多而又那样地复杂，以致我不得不建立一系列理想型来对照考古资料。每个理想型都是从一些不同的民族志例证中提炼出来的，并根据我认为有考古价值的结构特点而加以说明。我是根据史前社区也具有的这些结构特点来评价这些理想型的。……并不指望任何一个古代遗址会和任何一个用民族志资料所反映的社区完全一样；我所寻求的是两者都切近同一'理想型'"（Flannery 1972，29）。弗兰纳里的论文在本书以后的章节还要提到，这里最有关的是他在"理想型"（即模型）这一概念的说明中不提古代社会和现代初民社会之间具体的类比，这就避免了类比所涉及的困难和危险。实际上弗兰纳里是把吴科的使用民族志资料越多越好的主张系统化了。此后的一些史前学者效法吴科，不过把他们所作的尝试称为"模型"，而不叫做"理想型"。为建立民族志模型而解释古代情况尝试的更详、更好的例子要算乔基姆的《狩猎采集者的生活和住居：一个预测模型》（Jochim 1976）。

除了以上所介绍的那些关于民族志（或人类学）和考古学的观点之外，《考古学与人类学》（Spiggs 1977）中所包含的那些文章也提供了丰富的资料。其中格鲁布（Groube）、里奇（Leach）以及罗兰茨和格勒德希尔（Rowlands

主张应用民族志和广义人类学的最新主张已经通过如何应用和为何应用之类的问题表达出来。在英国首先恢复应用民族志的兴趣的吴科（Ucko）以各种不同的方式指出过，"民族志的比较资料的基本用途是扩大考古解释者的视野"（Ucko 1969，262，cf Ucko 1967，151 and 153）。为达此目的，民族志的知识愈多愈好："所作类比的数目和歧异越多，越能对考古事实作出令人信服的解释。民族志的比较资料越多、越详细，越能估定某一特定比较资料具有重要意义的可能性，而且验证考古资料的内含和要义的可能性 也越大"（Ucko 1967，157）。

吴科关于民族志对考古解释具有价值的信念在上面提到的那些会议中也有所反映。第二次会议弗兰纳里（Flannery）曾提出过一篇论文，《中美洲和近东的村落聚居类型——一个比较研究》，介绍了他的研究方法，它们显然是一些考古学家所使用的方法，不过他最把这种方法明确地加以系统的阐述。他说："在准备这篇论文的过程中，我查阅了考古记载，发现了古代定居社区有两种类型：一种是有围篱的或以小圆屋围成的院落，另一种是由长方形房屋组成的村寨。我进一步的行动就是在有关中 and Gledbill）关于在考古解释中应用人类学的问题持有截然不同的态度，但在研究人类文化方面采用历史比较法却有共同的倾向。格鲁布主要从事民族史的研究，考古学在这方面可以作出很多贡献，但他也主张考古学家需要接受普通人类学教育，并阅读大量饶有趣味的民族志资料。他认为人类学的一般结论对考古学家不可能有多大帮助，因为它们随着研究工作的进展容易改变（Groube 1977）——但是，所有学科（包括考古学）的一般结论也都如此。

里奇的论点与格鲁布的相反，他认为人类学一般理论对考古学是最适用的："如果人类学和考古学要结合在一起的话（我认为很可能），它们不会结合在生态环境决定论或经济决定论的旗帜之下；两门学科的共同性在于研究人类社会，而人类的唯一独特属性是有语言和意识"（Leach 1977，169）。他指出人类学家研究人类如何思考可以在几个方面应用于考古解释，例如对"埋葬"的态度，而且他还得出结论：史前人类的思想范畴可能并不象考古学家所设想的那样令人难以领会。

罗兰茨和格勒德希尔在探求考古学和人类学朝着建立共同立场的发展方面，着重在人类学今后的发展趋势更甚于它现在已有的贡献。他们不赞成格鲁布而同意里奇，认为"人类学家所获得的一般结论和概念能供考古学家在解释考古资料方面作最有效

55

《四川文物》刊发《考古人类学》部分译文，此为《考古人类学——导论（续）》首页，发表于1984年第2期。

·考古译林·

考古人类学（续）

〔英〕 措安尼·奥姆 著

秦学圣 译

第一章

食物和原料

在现代庞杂的社会里，生活需求可以完全依赖广泛的商业网点来满足；主要食物和原料以及者多品等可以得自远方；而在小规模社会里，尽管食物和原料也可交易而得，但大部分生活资料则出于本社区领域之内——靠狩猎或种植。本章讨论这种以本地为基础的生计是怎样维持的，以及这种生计对一个社区能提供什么潜力和所能施加的约束。在第四章将会明显地看出，极少（如果有的话）社会是完全自给自足的，但生活在小社区的人们大部分生活资料很可能取自对于附近周围环境的开发。

一、狩猎、捕鱼和采集

有一种观点越来越流行：人类对于环境最持久和最稳定的适应方式就是狩猎；人类作为狩猎者和采集者经历了数百万年。甚至可以说人类的体质和心理仍然适应于狩猎生活而非种植，更不用说热带

丛林城市人民的生活了（Reynolds 1972）。不管这种看法有多大程度的可靠性，史前人类经历整个旧石器时代和中石器时代全过着狩猎、捕鱼和采集生活，而且在农业得到发展时，仍未放弃这些生活手段。

二十世纪六十年代晚期就出现了一种时新的看法：人类原本就是狩猎者和采集者，这是演化的结果，并指出，这类生活方式与霍布士哲学的苦行生活方式是格格不入的，用这种新看法的倡导者萨林斯的话来说，狩猎者属于"原始丰裕社会"（Sahlins 1968）。在讨论这种看法之前，有必要回顾一下以往对于狩猎和采集的看法，正是这些看法迄今仍在对于史前史的许多解释上令人眼花缭乱。

本世纪早期的著作中关于原始部族的一般记述表明，如象澳洲土著，布须曼人、匹格梅人和爱斯基摩人等原始民族，过着小规模游动群的生活，终日为寻食奔忙，没有什么财物积累，显然难于养活年迈体弱者或过多的幼儿，有时在极端恶劣的情况下甚至会饿死。在那些尚能苟活下去的地方，他们越来越处于当地农耕者或白种殖民者的影响之下（e.g.Sollas 1911）。所有这些说明他们的生活是艰苦的，显示农耕经济或许更好而且更具吸引力。如果狩猎生活是这样艰苦，那么新石器时代确实是一场"革命"，它是走向文明的第一步，把狩猎者抛在后面过蒙昧生活。

然而有些情况也引人注目，确实也曾被作为例外看待。最明显的是北美西北岸的那些印茶安部族，他们是狩猎、捕鱼者，一年的大部分时间居住在永久性的村落里，花了许多时间和精力积累更多的（与邻近的民族相比）个人财物。这表明某些狩猎民利用闲暇和才智发展他们的文化——特别是在艺术和社会方面。据信，丰富而按时洄游的鲑鱼群使他们有暇发展文化。在这种情况下，那些得天独厚的狩猎民的食物供应象任何农耕者那样有所保证。这些情况有时用来与旧石器时代晚期的艺术家相比拟，据考古材料推断，他们也是得天独厚的狩猎者，大概也有某种特殊而可靠的食物供应——可能是多尔多涅河的鲑鱼，也可能是平原的驯鹿和野牛。

可是某些民族志学者总是把狩猎和采集看成为（与农耕相对而言）受欢迎的选择（e.g.Radecli

《四川文物》刊发《考古人类学》部分译文，此为《考古人类学(续)–第一章1》首页，发表于1984年第3期。

考 古 人 类 学 (续)

（英）蓓安尼·奥姆著 秦学圣译

从狩猎活动方式（与仅仅是捕捉动物相反来看，狩猎也许是男人的特权（特别在考虑到狩猎活动中的危险因素时），有些狩猎队要举行各种仪式，这些获取食物的任务显然更为繁重。拉普人（Lapps）把熊看作是半神圣的动物，猎熊时有复杂的规则：使用特殊的词汇，请巫师祝福，使用特定的熊枪刺杀等。熊被杀死时仪式并未结束，猎人们对着熊的尸体唱歌，打它，把它运回的过程中仍旧在唱，回到住地时各家的妇女都要出来欢迎。烹熊和吃熊肉乃至埋葬熊骨时都有一些规定。有几天的时间要实行某些性的禁戒，接着举行最后的洗罪仪式，因为熊的灵魂力量强大。总的说来，从拉普人文化的观点出发，熊的食用价值（与猎熊的神圣状况相比）几乎是一种残留的因素。纳斯卡皮（Naskapi）印第安人在"驯鹿骨髓宴"（Mokoshan）的仪式中反映了类似的情况。这在第五章谈到仪式与宗教时将有更充分的介绍。

拉普人的熊宴涉及把肉分到整个社区的风俗。分享食物的风俗是各狩猎社会中另一常见的特点，在考古解释方面可能产生影响。例如，李曾经强调布须曼人经常分享食物的方式，斯本塞和基伦描述了澳洲土著的极其复杂的分食规则，这些规则复杂得有时令人厌烦。民族志学者曾经指出过，这种分食风俗可以保证每个人都得到足能的食物，同时可以起到把结构松散的社区的成员紧密团结起来的作用。但是象通常那样，也有一些例外，比如说海德扎人，大多数都供自己享用。值得引起考古学者注意的是，由于分享食物的风俗，古代镇地遗址残留的动物骨骼不一定能反映居住者的数量。特别是在巨型动物被捕后就更看得清楚：可能从邻近区域涌来一群人帮助吃肉，姆布提人捕杀一头大象就会发生这种情况。也可能把大动物的若干部份送给邻近的营地。不管是哪种情况，分享食物的风俗可以在估计肉重、动物的最低数量和人口密度方面造成混乱，如果根据的是单独一个遗址的材料，尤其如此。以区域为范围的研究或许受影响较小，因为分享食物的风俗倾向于在一个部落的领域内实行。

采 集

大多数植物都是易腐烂的，有许多在食用后很少或根本就不留残渣，和动样不一样，动物会留下骨骼、牙齿和角。考古学者倾向于忽视植物性食物，因为他们发现的少，或根本没有古代食用植物的证据。但是最不适宜的环境中自能得到植物性食物。汤姆森（Thomson（在一篇值得考古学者参考的论文中描述了澳大利亚阿纳姆兰的威克蒙坎人（Wik Monkan）采集种类广泛的植物性食物。就这个地区的光秃环境而言，植物性食物之丰富是令人惊异的。它们包括根、茎、叶、花、芽、籽和浆果等（Thomson 1939）

另外一些研究草木茂盛环境的民族志学者也能注意研究这一文化特点 植物性食物和原料的采集和使用（Yarell 1964）。采集而得的植物性食物应该被认为是各个人群饮食中的一个组成部分，甚至爱斯基摩人

73

《四川文物》刊发《考古人类学》部分译文，此为《考古人类学(续)－第一章2》首页，发表于1984年第4期。

·考古译林·

考古人类学（续）

〔英〕蒋安尼·奥娣　著

秦学圣　译

人少和所有物少是狩猎者和采集者取得成功的必要因素，正是这些因素把他们的文化限制在物质方面。有极少数例外，其物质文化和社会性文化可以在这些最低水平的局限中得到发展和改进，这类情况可能古代也有。有助于揭示摆脱这些局限的典型特例是美国西北岸一些印第安部族。特灵几特人（Tlingit）、海达人（Haida）和其它部族的人，一年的大部分时间居住在大的、永久性的村落，发展了复杂的阶级结构（包括世袭酋长），利用大部分时间制造并积累被认为是具有贵重价值的个人财物。他们能够做到这一点的部分原因是：每年可获得丰富而按时供给的食物——太平洋的鲑鱼（Drucker 1963）。

有时我们会读到一些资料，说明另外一些狩猎人群是半定居式的大群体，而且在许多情况下，发现他们能过着这样半定居式的大群体生活，是因为他们以鱼类和海产为食。拉德克列夫布朗（Radclif Brown）曾描述过沿海岸的安达曼岛民，与内地的人群比较而言，过着相对定居的生活。艾尔（Eyre）于十九世纪四十年代中期从澳大利亚报道："在维多利亚湖……我曾见过600名土著居住在一起，在那个时节，全都靠从潮里所捕得的鱼类为生，或许还吃松叶菊的叶子……"（转引自Sahlins 1974，25）。大概多尔多涅的鲑鱼和勒本斯

基（Lepenski Vir）的鲤鱼也是稳定的食物来源；或许中石器时代的贝丘就是相似的丰富产物所留下的遗迹。

关于狩猎、采集生计的民族志研究最新的发展对考古学的冲击已经在某种程度上感觉到了，特别是在欧洲中石器时代研究方面这种感觉尤其明显。戴维·克拉克（David Clarke）的最后几篇论文之一研究了西北欧的人群对于植物性食物可能的依赖，并讨论了这种维持生活的物质可能是很丰富的（Clanke, D.L. 1976）。麦拉斯（Mellans）的涉及广泛的民族志研究，报道了把焚烧森林作为狩猎的手段，和据以推测中石器时代人类对森林覆盖面所施加的可能影响，他进一步指出，狩猎者用改变环境的办法可能开始了对他们所获麋鹿的管理（Mellars 1979）。桥基姆根据"从许多民族志研究中得出的结论"（Jochim 1976，Xiii）用较长的篇幅草拟了一个关于狩猎、采集生计和居住情况的复杂的预测模型，后来他把这种模型用于对德国多脑河一带中石器时代晚期的研究。

以上三位学者都在某种程度上使冰期后的狩猎民摆脱了一种观点：中石器时代是夹在旧石器时代晚期的丰裕和新石器时代的不虞匮乏之间的贫困阶段。桥基姆并且还特别努力找出在一个小区域内的特定时期起作用的限制和潜力。他的著作是根据对于狩猎、采集者的生计和居住的某些方面的透彻研究而写成的，论述非常精辟，对于分析生计的季节变化特别有用。人们期望进一步的研究不但会提供狩猎、采集者实际生计的一般景况，而且还会提供史前情况中差异的某种暗示（那怕是轻微的暗示）。我们还必须考虑到单从经济方面研究的缺陷。尽管有些学者如黑格斯（Higgs）和贾曼（Janman）曾极力强调人类文化发展过程中经济因素的长期支配作用（Higgs 1975），但是人们对其它文化的生计谋略了解的越多，越觉得经济因素似乎不大可能那么重要。生计不仅取决于环境和技术水平，而且还取决于文化整体，正如它反过来能影响文化的所有方面那样。桥基姆触及了这个问题（Jochim 1979，77—9），但是他的预测模型仍脱离不了环境因素和某些技术成分，而且他对狩猎、采集者可利用的资源所定之量，好象能适用于所有的社会，这是不大可能的。有篇论文对此有很好的说明，那就是关于实际上并不存的虚幻因素在北阿拉斯加阻碍了开发大量资源的著作（Burch 1971）。他指

77

《四川文物》刊发《考古人类学》部分译文，此为《考古人类学(续)－第一章3》首页，发表于1985年第1期。

考古人类学（续）

〔美〕蓝安尼·奥博 著
秦学圣 译

三、迁徙

考古学者对原始农业最感兴趣的方面可能是土地利用的方式和种植者的迁徙。涉及移移农业的迁徙有两种，可以称为地方性迁徙和拓殖性迁徙。地方性迁徙限于一个领域之内，而拓殖性迁徙，顾名思义，必然要殖民。有关的民族志文献除已提到的外，还有查格朗的《雅诺马莫人》、弗里曼的《关于伊班人的研究报告》和《伊班人的农业》、特里格尔（Trigger）的《呼戎人》以及克拉克和波斯比西尔在新几内亚的研究。查格朗和弗里曼的著作或许是最有用的。因为他们讨论长期的拓殖性迁徙，也讨论地方性迁徙。长期的拓殖过程中也能出现地方性迁徙。

地方性迁徙

地方性迁徙有相对的任意性。雅诺马莫人认为需要时，可放弃他们土地末端的一片，在相反的前端另外开垦新地；迁徙率主要取决于后面土地的杂草和灌木丛的生长，杂草和灌木丛生长旺盛又要在前面另外开垦，于是整个村庄的园圃就按这种方式缓慢地向前移动。

卡包库人的迁徙更有组织性，随各地的环境不同而有差异。在他们所居山谷周围的陡坡上大多数红苕，种植一年要让土地休闲七、八年。在山谷地带单一作物和混合作物交替种植，在使用肥料的情况下，土地可连续利用八年之久。当种植者认为这类土地"着凉"时，就停用八年，但休闲时期的长短也不一定非八年不可，因为可能要早日起用休闲地，或者记错了以为已经达到了八年。有时候卡包库人根据再生草木的高低和量的多少来决定一块休闲地是否可以重新利用。

伊班人的土地种植周期是很明显的。从原生林开垦出来的土地，连续种植两年后，就闲置10—20年。从次生林开垦出来的土地，只种一次，可能闲置15年。有时候土地利用的时期较长了一点，那就必须让它休闲15—20年。认为在这一期间必须让土地恢复能力，以保证将来有效地利用，这种制度需要大面积的土地。伊班人长屋周围人所能及的土地，在五年内会全部利用完。于是长屋的居民每隔五、六年分裂为几个小单位（每个单位能有3—4个比勒克家族）在邻接的原始森林建立附属性长屋。迁入这样的新居后，仍与原来的长屋保持接触。20年后原来长屋周围的土地恢复了生长能力，他们便离开附属性长屋，回到原来的长屋再住上几年。

呼戎人，属于北美洲最北部的种植者，把土地开垦出来，几年之后才种植作物。开垦地似乎成了一个连续不断的过程，每10—20年，一个村庄就会迁徙到数英里外一片未开垦过的林区，那里燃料、建筑用材和可供开垦的土地都很丰富，而新的村址仍保持在呼戎人总居住区域之内。他们大概会对旧的居址重新加以利用，但并非常规。特里格尔强调说"迁入生荒区域对任何规模的人群来说，都意味着灾难"（Trigger 1969, 27—8）。

长期性迁徙

与地方性迁徙相反，伊班人高度珍视原生林，因为那里有丰富的木材和猎物，没有杂草，可以多种作物，采伐树木可以取得财富和威望，所以具有不返回原地的拓殖激情，持续不断地向外扩展而进入新的领域。这就造成长期迁徙的趋势，可以称为拓殖性移移农业。

从许多方面看，总的说来，伊班人文化鼓励向外迁徙：其移殖速度曾经估计一代人的时间向外推进50—100英里；一个人可能死于距其出生地250英里的地方（Morgan 1968）。素有"森林蠕虫"之称的伊班人1800年迁徙到他们现在的沙捞越地区，到本世纪初人口密度很大，迁徙曾经迅速地进行，尽管由于政治变化（而非人们预想的是由于人口曾长或土地衰竭）迁徙速度有所波动。

伊班人农业的拓殖性——向外迁徙的强烈欲望——在雅诺马莫人中间也可以看到，虽然迁徙的原因各有不同。雅诺马莫人为了逃避敌人而迁徙。他们长期处于村际战争的状况，居住点不断受到敌人突然侵击的威胁。有个时期，村庄同附近的居住点结盟，共同抵抗来袭的敌人，并鼓励成年男子定居以增强战斗力。但是联盟之间的纠纷或村庄内部的不和致使联盟失去作用，于是逃避敌人侵扰的唯一

76

《四川文物》刊发《考古人类学》部分译文，此为《考古人类学(续)-第一章4》首页，发表于1985年第2期。

4.《考古学方法与推论》

原书名为《考古学家是怎样工作的》（*The archaeologist at Work*），

副标题为"考古学方法与推论文献资料辑要"（A Source Book in archaeological Method and Interpretation），译本沿用副标题，并简称为《考古学方法与推论》。

1986年至1993年，秦学圣将陆续翻译的《考古学方法与推论》前九章发表在《成都文物》上，因故后四章未再续刊。

本书原著为美国加利福尼亚大学人类学教授罗伯特·海泽（Robert Heizer）所编，选辑了一百多年来近百篇重要考古报告中关于方法与推论的精要部分。内容丰富，颇有启发性、资料性乃至趣味性（对考古工作者而言），具体地反映了一百多年来世界各地的重要考古成果。1959年在美国出版以来，深获考古学界的好评，至今仍具一定的参考意义。全书十三章，每章包含一组文章，每篇文章的内容与该章的标题趋于一致，且各篇之间无连续关系，都可单独存在。每篇附有原来编者按语（方括弧内）。

考 古 学 方 法 与 推 论

〔美〕罗伯特·海泽编　　秦学圣译

译者前言

本书乃美国加利福尼亚大学人类学教授罗伯特·海泽（Robert Heizer）所编，选择了一百多年来近百篇重要考古报告中关于方法与推论的精要部分。内容丰富颇有启发性、资料性乃至趣味性（对考古工作者而言），具体地反映了一百多年来世界各地的重要考古成果，1959年在美国出版以来，深获考古学界的好评，而且越来越具参考意义。

全书十三章，每章包含一组文章，每篇文章的内容与该章的标题趋于一致，而各篇之间无连续关系，都可单独存在。每篇附有原编者按语（方括弧内）。

原书为 The Archaelogist at Work（《考古学家是怎样工作的》）副标题是 A Source Book in Archaeological Method and Interpretation（《考古方法与推论文献资料辑要》），译本沿用副题，并简称为《考古方法与推论》。

译文承蒙《成都文物》惠于陆续选刊，错误之处，恳希读者指正。

——译者

第一章　特殊事件的恢复

考古学家总是在探求恢复往事，根据从古代居民留下的废物和废墟中的发现尽可能地描述一个过去的文化。文化变迁在文化发展的研究中是至关重要的。许多考古报告致力于通过地层研究和类型排比对建筑、陶器和其它文化物质的发展趋势和相继变化进行分析。这样的研究通常涉及相当长的时间，得到的是广泛的概括，因此不属于本章"特殊"事件的范围。

除墓葬研究外，考古学家很少能够把他们的视野限制在一个关键时刻，从他正在发掘的文化堆积所反映的连续生活中分离出一个单独的事件。从古代人丢弃破烂的垃圾堆里时常能够恢复他们的一般生活方式。不过，确也存在一些偶然发生的特殊状况，最常见的是突发的火灾、地震或战争的结果。在这类状况中记录并保存着特殊时刻的特殊事件。烧毁的建筑物中时常可能保存着在其内部使用的有关器物。胜利的军队在抵抗者能收拾其财物之前就迫使他们仓皇地逃离住所。抵抗者的尸体本身也能反映他们是怎样致死的。这类时刻的例证构成本章的主体。通过细致的发掘和精心的观察，这类情况能够提供关于当时活动的主要信息，而且能在考古学家恢复往事的努力中提供重大帮助。

一、乌尔的皇族墓葬

〔乌尔（ur）皇族墓地的发掘显示了考古学的不朽成果之一。英国博物馆和宾夕法尼亚大学博物馆联合考察队于1926—1931年之间在那里进行了五个季度的发掘。指导发掘的是伍利（C、L、Wooley）——近东史前史的权威学者。

下面的文章根据对极其复杂的地层以及

61

《成都文物》刊发《考古学方法与推论》部分译文，此为《考古学方法与推论-第一章》首页，发表于1986年第4期。

考古学方法与推论

〔美〕罗伯特·海泽编　　秦学圣译

第一章　特殊事件的恢复（续）

二、第十一王朝的埃及战士

〔本文采自 H·E·Winlock: Excavation at Deir el Bahri，1911—1931，Macmillan，New York，1942，qq·123—127，它恢复了埃及第十一王朝一群底比斯士兵的阵亡和埋葬情况。干燥的垫及气候提供了良好的保存条件，致使有可能进行仔细的分析。然而，要不是发现了有标记的亚麻布片，皮肤和毛发以及无镞石尖的箭头，这些尸体的时代就难以断定，也无法推论他们阵亡的经过。〕

那年三月份正好是拉马丹（Ramadan）的穆斯林斋期，他们只雇到少数民工继续发掘。重新把那个墓挖开，把所有可怕的尸体全部搬到墓外，好让豪泽（Hausen）对墓穴和廊道进行测量和绘图。虽然有六十具尸具，但除了两三个第十一王朝的粗劣棺木的碎片外，一件器物也没有发现。乍看起来尸体属于晚期，似乎不成问题，在强烈的阳光光下不仅令人不快——说得婉转些——而且都象哥普特人（埃及本土人——译者）的干尸。在此附近一带多埋葬有这些人的尸体。不过在裹尸布方面显然有所不同，于是告诉民工第二天清晨乘凉早点动工，拣出盗墓人从尸体上剥下的亚麻布，看上面是否有任何

标记。这似乎是不可能的，但为了严肃而认真的探索，我们宣布，凡是在亚麻布上发现一点标记的人都可得到赏金。

第二天早晨七点钟左右，一些民工送到我们住所三十多块有标记的亚麻片，中午时分数目增加了一倍。预料不到的事情终于发生了，我们得到六十二个第十一王朝的十分典型的标记，其中有我们熟悉的名字如象 Amūny、Sebk-hotpe、Sebk-nakhte、In-tef、In-tef-oker、Mentu-hotpe S'en-Wosre⁺等，最引人注目而且出现率最高的（有标记的布片中有一半都有的）是个奇特而神秘的表意符号。这个符号我们已经在'Ashaye⁺的裹尸布上和 Neb-hepe⁺-Rē'国王后宫妇女的裹尸布上发现过。几星期前我们在此山脚下一个墓穴内找到的刻石工人遗弃的一把凿子上也辨认出了这样的符号，而且我们已经断定这个符号表示这一物件属于 Neb-hepet-Rē'统治时期的皇族墓园或死者的财产。于是我们可以断言，这六十尸体通过令人难以置信的方式，在干燥的、密闭的墓穴内保存了四千年之久。

从体质人类学的角度看，这一发现有意想不到的重要性。在我们已发掘的所有第十

64

《成都文物》刊发《考古学方法与推论》部分译文，此为《考古学方法与推论–第一章（续）》首页，发表于1987年第1期。

考 古 学 方 法 与 推 论

〔美〕罗伯特·海泽编　　　　秦学圣译

第一章　特殊事件的恢复(续)

三、古埃及殡葬人员的见利忘义行为

〔埃及极端干燥的气候对于保存易腐物质是十分有利的，所以，与其它区域相比，考古学家时常有机会在那个区域发现更多的古代遗物。下面关于第二十一王朝从事尸体防腐工作人员的见利忘义行为和方法的叙述，是在这种特殊条件下能够恢复的具体例证。

H·E·winlock参加过由大都会艺术博物馆进行的于1911和1939年在Luxor，Lischf和Khanga Oasis的发掘。本文摘自Winlock编写的 Excavations at Dier el Bahri, 1911——1981, Macmillan, New York, 1942, 110——114。〕

在所有十具木乃伊中只发现了一个不正常的情况。宁一摩斯(Nin-mose)的墓内发现的年约十八岁的女子亨特—塔苇(Hent-towy)的尸体没有经过应有时间的防腐处理，死后立即进行裹扎就单独埋葬于那个被遗弃了的墓内。入葬情况显示了匆促行事的迹象，但看不出是由于节约金钱的考虑。因为她的棺材的质料是最好的，裹尸布和绷带最多。此外手腕有九个小珠镯，喉部有三串珠子夹以金狮子吊在胸前，左手有两个镶着绿色甲虫形宝石的金戒指。显而易

见，这些小饰品乃亨特—塔苇生前所用，而不是特意为死者所制的随葬辟邪物。她经过什么样的遭遇，我们不能猜测。至少在那个名叫高一苏(Gau-sen)的年轻女子的入葬情况中没有显示这样的匆促。高一苏年约二十岁，惨遭未知者的毒手，用钝器在她的眼部猛击，致使颧骨和左侧面骨破裂。然而可怜的高一苏还痛苦地活了几个星期才死去。在当时条件下隐蔽伤痕是没有办法的(即使曾经这样想过)，而她的尸体经历了埋葬前的全部漫长的制备过程，终于被安放在含有三个公主的坟墓内。

在埃及第二十一王朝，当殡葬人员接收一个尸体作埋葬前的防腐处理时，第一步手术是切开左胁，取出内脏，只留下心脏——生命的基座。把取出来的内脏保存好，尸体浸泡于大盐水缸内，大约要泡几个星期。当尸体取出来时，消瘦得面目全非，难以辨认，而且还带有一种特别的气味，于是殡葬人员采取措施使尸体呈现自然的状貌。把盐、苏打、灰和锯末充填入四肢和面颊，直到显出人的形状。这样的手术会留下许多粗暴操作的痕迹，甚至有由于把皮肤撕破而不得不加上皮补丁的痕迹。在玻璃或白麻布球做的假眼上涂以黑色瞳孔，然后把它们

68

《成都文物》刊发《考古学方法与推论》部分译文，此为《考古学方法与推论-第一章（续）》首页，发表于1987年第2期。

考 古 学 方 法 与 推 论

〔美〕罗伯特·海泽著　　　秦学圣译

第一章　特殊事件的恢复(续)

四、特佩高拉发生的暴力行为

〔本文对伊拉克摩苏尔附近的古代遗址特佩高拉(Tepe Gawra)一个文化期惨痛的结束提出了证据。第ⅩⅡ文化层表明这个遗址乌贝德(Ubaid)文化期的终了。一个扩大的居住区比一个丘墩居住遗址包括更多的人口。这个居住区的遗址受到了外来入侵者的征服,因为紧接其上的文化层(ⅩⅠ-A)显示了史前晚期的开始,其标志是建筑、陶器和葬俗的深刻变化。

特佩高拉遗址是在美国东方研究院和宾夕凡尼亚大学博物馆的联合支持下于1931和1938年进行发掘的。两次发掘是在斯派泽(E.A.Speiser)和贝奇(Gharles Bache)的指导下进行的。二十个层位出土了关于北美索不达米亚文化发展的重要资料。

惠勒(Wheeler)曾经对西巴基斯坦莫恒约达若(Mohenjo-dazo)一次类似的大屠杀(约公元前1500年)场景也作过生动的恢复。

本文摘自Arthur J·Toblcr:Excavations at TepeGawra, Museum Monogzaphs,Museum of the univepity of Pennsglvania, Phieadeephia, 1950,VOI.Ⅱ, PP25, 26.〕

在第ⅩⅡ层发掘区内未发现宗教建筑,唯一的建筑可能是一个守望楼,完全是世俗性的。显著地不同于紧接其上的一个文化层——在这层内宗教和军事性建筑占主要地位。而且在ⅩⅠ-A层,如已述及的,其素

陶、墓葬和一种特殊形式的寺院建筑,属于另一时期最早的层位。所有这些特点在ⅩⅡ层都未出现,因此它代表一种较早的不同文化。这种文化劈裂现象和ⅩⅠ-A层的人们所建筑的防御设施确具有重要意义,足以说明其前一文化人们与这一新文化的人们之间的敌对行为,甚至在后者已经定居于特佩高拉之后,敌对行为仍然存在。层ⅩⅡ的证据趋于支持这样的看法:这一层位的人们似乎遭到了突然的和明显的悲惨结局,而紧接其上几层居民的更迭则是和平过渡。

我暴行为的证据局限于层ⅩⅡ的北区。42号室(因其墙壁涂成白色,称之为白室)、18号室、43号室和49号室有明显被火烧毁的迹象。18号室地面有40厘米厚的灰烬,壁上有火烧过的明显痕迹,同时42、32、37和38室内许多器物散乱地丢在地面上。"在42号室所属的整个错综复杂的区域内,地面上堆积有一层很厚的灰烬和烧焦的废物,看起来它一定是火烧毁的。由此可以说明,大量的器物是在房屋着火后居民慌忙逃跑时所留下的。我们还有其他证据表明慌忙逃跑的情况,在那个室的一角有个炉灶,上面放着一个锅,有盖盖着,里面有煮肉的骨头,可能是在为某个不幸的人备餐的过程中就发生了火灾而不得不弃而奔逃。"

除这些火灾的迹象之外,白室所属的那

69

考 古 学 方 法 与 推 论

〔美〕罗伯特·海泽著　　　　秦学圣译

第一章　特殊事件的恢复（续）

六、工匠作坊的劫掠

〔阿尔帕基亚山（Tall Arpachiyah）遗址的发掘者有幸发现了一座被烧毁的房屋；器物散布的情况显示了它的性质和居住者的职业。这座建筑属于哈拉夫（Halaf）时期，代表美索不达米亚的铜石并用时代。阿尔帕基亚遗址位于伊拉克北部，在尼尼韦（Nineveh）古城的附近，在伊拉克的不列颠考古研究所和大英博物馆的资助下，1933年对它进行了发掘。伦顿大学考古研究所的马诺万教授参加了这次发掘。下面的叙述摘自 M·E·L·Mallowan and J·C·Rose：Prehistoric Assyria, ExcavaTions at Tall Arpachiyah，1933，London 1935，pp·16—17，105—106。〕

这座房屋表明是陶器、石瓶以及燧石和黑曜岩工具制造者的作坊。它位于这个遗址的正中央，比其他的房屋宽大一些，看起来它一定是这个村子首领的住所。它所含的丰富多彩的器物证明其居住者是个财主。在这个作坊内发现的150余件器物都属制陶人和石刻艺人待出售的货品。彩绘的陶器、石瓶、宝石饰品、偶像、驱邪物以及燧石和黑曜石工具等，杂乱地出现在一个单房间里，地面上还有数以千计的燧石和黑曜石的石片和石核，就象刻石工人作坊所见的废石渣。这所房屋内发现的所有器物都显示了能工巧匠的精湛技艺。具有重要意义的是，这个生产场地位于阿尔帕基亚遗址的正中央。这个村子的最适中的部位用来生产艺术品，我们可以推论阿尔帕基亚的财富来源于这类作坊。甚至陶窑也位于遗址的中央。

在东方世界确有这样的情况，市场往往设在城镇的中央，但在一个比较小的村子内把这种适中的地位用来生产奢侈品而不是生产实用器物，我们可以设想那位工匠享有特殊的地位，而且那个村子的繁荣除了依靠农业和畜牧业外，还出自生产和经营手工艺品。我们可以猜想，阿尔帕基亚的石刻艺人和彩绘工匠已经形成了一个阶层——类似于现在阿马拉Amana）的银匠。东方世界较特殊化的行业，长期传承下来，常属于特殊社区的手艺。在伊拉克现在的银匠是苏比人（subis），珠宝匠是亚美利亚人（Armenians）。阿尔帕基亚华丽彩陶的制造者究竟属于哪个民族和什么阶层尚无法断定，但至少可以肯定，他们的精湛技艺已经为他们赢得了在社区中的重要地位。

这座房屋的居住者是一个制陶的工匠，而不是一个收藏家。从发现的物品可以得到证明：地面上有一大堆赭石颜料、画工的调色板与一些陶器混置在一起。这些器物的大多数特别是陶器和石质饰品都靠近墙壁并呈现在一些乌木上，说明它们原来是放在木架上，或者更可能是放在台子上的。

发现这么多珍贵彩陶的幸运，主要来自二次战争的机会。遗址的第六层位的居住点

69

《成都文物》刊发《考古学方法与推论》部分译文，此为《考古学方法与推论－第一章（续）》首页，发表于1987年第4期。

考 古 学 方 法 与 推 论

〔美〕罗伯特·海泽著　　秦学圣译

第二章 复 原

一件在地层里保存得完好的器物，在发掘中往往面临破坏的厄运。在必须搬移而便于进一步发掘的情况下，或损伤外观，或暴露于自然力，都可能使它受到破坏。在处理某些器物如石斧之类时，除了通常要做的收藏和编目工作外，没有其他困难。然而在另外一些情况下，如果要把发掘出的器物安全地运送到博物馆或存放地，或者在发掘中清除器物周围的泥土时使其免受损伤，必须小心谨慎。每项发掘都会提出独特的问题。本章所举的事例及其解决办法不仅提供类似情况下方便有用的建议，而且提醒遇到困难情况的田野考古者要耐心和仔细地操作，这对于在发掘过程中发现和保护令人感兴趣的和独特的器物来说是十分必要的。

经常遇到器物部件解体和破碎的情况，要求注意两个方面：第一，细心地取出并妥为保存；第二，观察各部件原来的部位，以便复原。

有些发掘涉及的是整个建筑物或居住遗址，不能移动，甚至不能按其原来的形式装配起来，但必须按比例缩小复原，或者在最后的报告中用图形来表示。为此目的，必须弄清楚器物在整个遗址中的分布状况和它们之间的关系。因此在发掘过程中作笔记和摄影会起重要作用。这里所举的事例不仅是介绍考古学家发现器物分布情况，而且介绍他们试图发现解体、挠乱或侵蚀的原因以便

对于器件部位的改变作出解释。对于器件的功能的解释不是目的，重要的是更准确地表现器物原形的手段。

（一）牛车和竖琴的复原

〔吴里在乌尔的皇家墓地发掘出了大量的金器和宝石饰品。

在国王的墓内发现了四轮车的遗迹，根据金属配件的部位和泥土上的印痕，复原了车的规模和结构。本文对它们形状的复原作了简要介绍。

国王墓的附近是王后Shub-ad的墓，在其中所发现的引人注目的器物中有一架竖琴，但只存留下一些饰件。竖琴的音箱形成泥土中的空穴，向里面浇灌石膏，在把其周围泥土移开时，出现了这个竖琴的内模，上面还附着了原物上所镶嵌的饰品并显示其准确部位。本文采自C、L、Wooley：Ur Excavations, Publications of the Joint Expedition of the British Mueeum and the Museum of the University of Pennsylvania to Mecopotamia, London, 1934, vol II, "The Royal Cemetery," pp, 64—65, 74—75.〕

1. 牛 车

墓门前面的坑内有两辆牛车，每辆车有

62

《成都文物》刊发《考古学方法与推论》部分译文，此为《考古学方法与推论-第二章》首页，发表于1988年第1期。

考 古 学 方 法 与 推 论

〔美〕罗伯特·海泽编　秦学圣译

第三章　生活与风俗习惯的恢复

除了象庞贝城的毁灭那样重大灾难性偶发事件外，一般说来，考古学家从坟墓所得出生活方面的资料比从其它类型考古发现所得的更为丰富。理由很简单：墓葬几乎可以说是考古发现中唯一重要的类型，人们可以指望发现的器物处于原来的状况，没有经过使用磨损而且与埋葬时情况无异。盗墓贼粗野的行为和自然条件的变化可能造成扰乱，自然条件的变化对于深埋于地下器物的扰乱不会太大；同时器物在地下还不会受风化作用的破坏。在秘鲁干旱的沿海地区，一代人的期间最多下一次雨，这是千真万确的。所以秘鲁的考古学解释和年代学者的主要部分取决于墓葬发掘。

在古代，盗墓已经成为一种很普遍的风气。人类贪欲成性在这方面的特殊表现在本书关于帕兹里克（Pazirik）墓葬、吉萨（GiZa）大墓地的埃及坟墓和奥赛柏维京（Osebezg ViKing）的船葬等有关章节中都有叙述。

一、阿尔泰山脉的冰冻墓葬

〔帕兹里克墓是历代独特的考古发现之一。它是游牧的塞西亚——萨尔马提亚人或塞西亚——西伯利亚人的一个首领的坟墓。墓地的各边用圆木垒起，其年代为公元前五世纪。阿尔泰山脉的墓冢自1865年拉得诺夫（Radlov）考察以后，已为世人所知，但一直到1924年列宁格勒国立俄罗斯博物馆的民族学部才做了一些更深入的研究。下面的文章中可以见到关于这些古代游牧群的装备和生活方式的大量推测。莱斯（T、TRice）于1957年发表的著作中对于从中国到多瑙河之间的亚洲草原地带游牧的塞西亚部落的文化作了良好的记叙。这部书对于恢复一个已从文献和考古资料消失的民族的历史和文化内涵来说是一种卓越而成功的尝试。

下文摘自M、P、Griaznov；The Pazirik

Burial of Altai, tjans、E、Colomshtok, American Journal of Anchaeology, vol 37 (1933)，pp、32—43〕

1929年的考察队在帕兹里克（央乌拉罕河——yan=Ulaghan River）附近发掘了第二个类似的墓葬。〔第一个墓葬是1927年在乌尔苏拉河（Unsula Rivez）畔的色巴（Shiba）附近发掘的。〕第二个墓葬也是处于永久冰冻状态。感谢这种特殊的自然条件，墓内发现的所有器物都牢固地被冰冻在一起，因此腐蚀的过程完全受到了控制。在坟墓里埋葬了两千多年的器物好象是刚埋下去的那样。为人尸殉葬的十只黄色野兔保存得十分完好，不仅皮、毛、肌肉无损坏和变化，肠内未消化掉的食物残余也依然存在。

在那里发现的一个斧柄的表面带有光泽，是人手长期把握使用而磨擦出来的。埋葬了几千年的这把斧子，看起来好象昨天才埋下去似的。帕兹里克墓葬内器物保存的良好状况，可以作为在西伯利亚所发现的其它墓葬的典型代表。帕兹里克墓内的器物，非常明显地反映了在阿尔泰山区埋葬首领的那些游牧民的经济和社会生活。

帕兹里克坟墓位于海拔1500米高的一个干枯的古冰川床面，是从南到北一连串五个墓冢之一。它是一个用石头堆起来的墓冢，高约2.5米，直径约50米。石冢的不规则的形式和顶部的几乎不易分辨的凹陷，表明下面的墓葬在古代已被盗过。这一假定在发掘中得到了证实。在石堆层的下面是一个形状相似的土丘，但体积较小，在盗掘处有一个明显的漏斗状的凹坑。在土丘下面，墓冢的中央是一个正方形、垂直壁的墓穴，面积为7.2×7.2米，深4米。

墓穴上面的巨大石堆，为墓中埋葬物的保存提供了最适合的条件，因为松散的石头是不良的热导体，同时寒冷空气容易穿透到石堆的下层，所以石堆下面的一切东西都会在冬季的第一次霜冻中冻

68

《成都文物》刊发《考古学方法与推论》部分译文，此为《考古学方法与推论-第三章》首页，发表于1988年第2期。

秦学圣卷

207

考 古 学 方 法 与 推 论

〔美〕罗伯特·海泽编　秦学圣译

第三章　生活与风俗习惯的恢复(续)

二、斯万斯孔人的文化

〔本文作者奥克莱是大英博物馆（自然史馆）地质部的老科学家。他利用含氟量测定年代的方法为我们研究化石人类增添了重要知识。他同哈斯金斯（C·R·Hoskins）合作研究了所谓"匹尔当人"化石的含氟量导致发现"匹尔当人"的化石头骨是古人类学界的一大骗局。与此同时，奥克莱对斯万斯孔人（Swanscombe man）化石的含氟量的测定，确认了该遗址的人和动物的化石属于同一时期。

在本文中他试图应用古生物学的证据来恢复化石人类的文化。他在恢复斯万斯孔人的文化方面所作的努力特别引人注意，因为斯万斯孔人生活于更新世的第二间水期，距今至少有100,000万年（据新的资料斯万斯孔人距今约300,000万年——译者）。

摘自"Swanscombe Man"，Pnoceedings of the Geologists' Association，1952，Vol.63，pt 4，pp.288—290〕

最近以前，许多研究旧石器时代早期的学者尚倾向于把工具的类型与文化等同看待，比如说，在砂砾层发现了某种形式的双面手斧，就说它们代表阿修尔人（Acheulian man）的文化。在同一层发现的克拉克当（Clactonian）或拉瓦晏（Levalloisian）形式的石片，就说它们必然是属于其它文化的人）甚至或许是其它人种）创造的。然而对于旧石器时代早期的石器制作场地遗址的仔细发凿，证明这种由粗浅常识而得的相互关联是不正确的。当然不可否认，在斯万斯孔的下层和在克拉克当象层的某些器物的组合（ascemblages）代表典型的克拉克当文化，与当地紧继其后的阿修尔式手斧文化完全不同。但是毫无疑问，阿修尔手斧工业包括有一些克拉克当式的初级废石片而且还有一部分经过加工的石片工具，如果脱离阿修尔工业而单独看待，会被认为是属于较进步的克拉克当文化。在某些遗址出现的石器工业还显示有两种传统的混合（如萨福克的海洛基遗址的阿修尔——克拉克当工业）。

某些制造阿修尔式手斧的人群使用了从修整过的台面打片的所谓拉瓦娄打片技术。曾经有过一个时期这种打片技术被认为仅限于穆斯特文化的人群。但是不久以前在卡尼（Cagng）索姆河的30米毗地的 中阿修尔时期的制作遗址已发现有拉瓦娄类型的石核和石片刀。同样，的拉瓦娄类型的石片，石片刀和石核在斯万斯孔的中砂砾层亦有发现，它们可能是斯万斯孔人文化的组成部分。

从利贺棱根（Lehringe）遗址以及西伯利亚托木斯克的猛玛象宰杀遗址所发现的器物，我们可以认为许多未经加工的石片曾被旧石器时代的狩猎者作为工具使用。斯脱

67

《成都文物》刊发《考古学方法与推论》部分译文，此为《考古学方法与推论–第三章（续）》首页，发表于1988年第3期。

考 古 学 方 法 与 推 论

〔美〕罗伯特·海泽编　　秦学圣译

第四章

房屋建筑的复原

就最广泛的意义而言，考古学的目的是了解古代各民族的生活和文化。当然，这种了解首先必须根据考古遗址当时居民活动的物质遗存，而这些东西往往是很稀少的。世界的许多地区，人们长期以来居住在人工建筑物之内，这些建筑是人们活动的中心，它们对于恢复过去的文化是极为重要的关键。然而房屋的建筑材料通常是易腐的物质如木材和茅草等。考古学家走运的话，偶而会发现砖、石建筑或土垒，即使如此，经过了长时期腐败过程，屋顶和整个房屋结构的细节也可能消失。准确地复原古建筑物的图形需要应用专门的技术知识和谨严的推理。

考古学家通常只能发现遗址内古建筑遗存的极其微弱的迹象。最常见的是柱洞，其中的淤土与房屋内地面其余部分经过居住者踩踏过的土地和火塘的烧土是有区别的。在急躁和粗心大意缺乏科学训练的发掘中，这些迹象很容易被毁掉，一旦如此，就永远不能恢复了。根据遗址底板上这些微弱的差异，考古学家必须按照发掘资料所提供的线索，提出对古建筑复原的种种可能性，但不能超出允许的推论范围。下面所选的报告摘录，不仅表明考古发掘所要求的细致认真的态度，而且表明在恢复建筑原貌方面应有的机智。

一

亚利桑那一座地穴式 房屋的复原

〔麦格雷戈关于亚利桑那州温诺纳村的文章是对一次具体发掘工作的叙述，但他所叙述的作为复原依据的资料和方法的细节是很有价值的。我们将会发现他首先评述发掘的细节和具体的复原，然后才转入讨论建筑的用途问题。根据建筑的复原所提供的信息和所发掘出的器物，他进一步认为，这座房屋是举行仪式的场所。

本文摘自 J．C．Mcgregor， Winona Village：Axiith Centuiy Settlemen With a Bael Couit neai Flagst—1aff, Anizona, Muoeum of Northein Azizona, Flagstaff 1937, Bulletin12, 99．19—23〕

这座深坑建筑（N．A．2134A）是在温诺纳村（Winona Village）考察中第二次有趣的发现。它原来位于一个具有不寻常深度的大圆形凹坑，内充满了大量红色火山渣，不规整的火山弹和其它火成岩碎屑物质。乍一看来不禁耍问，它是否是一个火山区的喷气坑而不是一座建筑物？但在大圆形凹坑的

64

四川省文物考古研究院名家学术文集

考 古 学 方 法 与 推 论

〔美〕罗伯特·海泽编　　秦学圣译

第五章　史前生态

近几年来史前生态学的研究有迅速的进展。特别是史前人文地理的研究，从各种不同的来源取得资料，主要是从考古遗址中出土的动物和植物遗存。这些资料通常不是由人类学家而是由其它学科的专家来分析和解释。因此进行这类研究既费时间又费金钱。然而其结果在考古探索中往往属于最有成果的部分。

泰勒（W、W、Taylor）在其对考古学的全面评价中称这门学科基于四个不同的水平或步骤进行工作："第一，借助于一种概念来确定问题；第二，对于以实践为基础的资料进行收集、分析和批判；第三，把这些资料排成年代序列；第四，寻求并（在可能的范围内）建立这序列内在的相互关系。"

把史前生态学的资料纳入所有四个水平或步骤的框架后，第一和第二步骤中的生态资料与其它方面的考古资料难以区别，它们应被认为是与人类过去活动的其它证据相当的资料而加以收集。第三步骤或第三水平上这些资料象地史资料那样具有重要的意义，因为它们是基于考古学本身以外的考虑而得的，从而不受考古学方面错误推论的影响。如果对一个遗址的断代是由于其动物遗存被认为是属于某个时期，这个断代可能是正确的也可能是错误的。如果考古推论错误或自相矛盾而这个断代仍然是正确的，那么这个断代就与那些错误无关。换

◆◆◆

我市金河街发现商周遗址

金河街毗邻方池街，属成都市重点文物分布区域，地理位置十分重要。1988年6月23日开始，市博物馆考古队根据上级有关部门的指示，对位于金河街的人民西路小学基建工地（西干道南侧），进行了文物勘探，发现了商周时期的文化堆积。

工作初期，出土较多的唐代瓷器残片，主要有碗（均为饼足底）、碟、盆等，多是半施淡黄釉和酱黄釉。从堆积情况和探方剖面上看，应属于故河道的堆积。7月11日，T_2、T_3南半部的第4层（砂夹石层）露头。在该文化层中，较为密集地分布着商周

时期的陶片、兽骨（角），可以看出器形的陶器有：尖底盏、尖底杯、直领尖底罐、高柄豆、圈足杯、盉、纺轮等。部分兽骨（角）上有明显的人工加工的痕迹，如牛角、鹿角的断裂面上光滑平整，为锋利的工具加工所致。此外，还出土部分石器。

该遗址出土的遗物，与方池街遗址，十二桥遗址出土的遗物，既有很大的相似性，也存在着差异。全面地揭示其文化面貌、内涵，还有待于下一步进行的考古发掘工作。

（蒋成）

55

《成都文物》刊发《考古学方法与推论》部分译文，此为《考古学方法与推论—第五章》首页，发表于1989年第1期。

考 古 学 方 法 与 推 论

〔美〕罗伯特·海泽编　　秦学圣译

第六章　古代人口推测

二　中石器时代和新石器时代社区人口估计(续)

(二)扎莫遗址

农业的起源和动物驯养的开始是人类文化发展的里程碑,也是史前学家和人类学家熟知的柴尔德的名言——新石器时代革命。遗憾的是这个为应用于欧洲晚期史前文化而创造的优雅的术语——新石器时代,用于已经出现了农业革命的西南亚则缺乏明显的意义。不管这些词怎么应用,这种"革命"的重要性不能过分强调。

扎莫(Janmo)位于伊拉克中东部的丘陵地带,它是各地具有禾谷农业和动物驯养的早期考古遗址中最著名的一个。巴勒斯坦的早期(拉吐菲文化)遗址中发现过燧石镰刀,但被认为是收割野草用的;杰里科(Jenico)遗址的下部层位是约旦谷沙漠中一个大涌泉旁边的城镇,被认为是比扎莫遗址更早的农业社会,但只读到了它的初步报告,关于杰里科的早期农业没有提供什么资料。

扎莫是一个无围墙的村庄,坐落于矮山之颠,山高约2600英尺,处于伊拉克中东部扎格罗斯(Zzagros)山脉山麓丘陵地带。这个区域现在的年降雨量几乎有20英寸(限于冬春两季),据奈特(Wnight,1952)和波贝克(Bobek,1954)的研究,6700年前此遗址有人居住的时期,这个区域气候较为干燥,虽然巴第尔(Bufzer,1957)认为公元前5000年这种经度干燥气候已经在向较温润的阶段过渡。当时的橡树林和落叶树森林长期以来遭到砍伐,至今除了较高的山脊上和其它极少数以外,这片土地已成了无树区,绵羊、山羊持续不断地过度吃草,导致水土迅速流失。一千年的进展可能造成另一千年的破坏。

围绕山脚的溪流在当时无疑是永恒的水源。但是经过7000年的森林滥伐和水土流失,现在溪流干枯得只剩下现夏秋之际可见的少数水塘。冬季气温可降至冰点,暮春和夏季干热的风从内陆扫荡过来,使气温升高,很难得有一天气温低于100华氏度。在这样的气候条件下,初冬的初雨时节下种,成熟于春热之际,五月间收割小麦和大麦。此后一直到十月都是干炕天气。

1948和1950—51年的发掘(Bɲiabwoʹoa,1952)显示这个古代村庄连续有人居住了约250年,此后再也没有人住过。

除了保留下来的谷物和燧石镰刀外,还缺乏其它考古证据,因此对这些早期农民的农业技术只能作一些推测。他们没有犁,因为没有拖拉犁具的动物。他们有二倍性和四

65

考 古 学 方 法 与 推 论

〔美〕罗伯特·海泽编　　秦学圣译

第七章　遗址的调查和识别

五、密西西比下游区的调查

〔在道路条件允许把汽车作为主要交通工具的地区内进行大面积的调查是相当容易的，而在密西西比河下游区域，菲力普斯、福特和捡里芬遇到大面积调查的问题。大面积调查中，机动性是最重要的因素。这次调查计划的提出和执行的精明方式在此占较大的篇幅予以介绍，因为它显示调查与明确的目的密切相关，即是说，每个行动如何针对预定问题的解决。

本文采自 P.phillibps, J.A.Ford and J.B.Gniffin, Archaeological Swiey in tha lowei Mississippi Alluvial Vallnvil valleg, 1940—1947, Papeis of the Peabody Museum, Haivaid unievi by, Camnidge, 1951-, Aql.25, PP.39—43。〕

在从事东南部考古的学者中有一种共同的意见：晚近史前文化的高峰即长期以来"中古密西西比"这个概念所意味的考古文化相。在较近的时期——公元1400-1500大约发处于展的高峰，这个时期或许并不算太晚——这个文化类型在一个广大区域内确定不疑地形成了。大规模的居住区如卡和基亚（Cahokia）、蒙德维尔（Moundville）、艾塔瓦（Etawah）和马肯（Macon）的遗址（其它在本文叙述的不太著名的但同样规模的遗址就不必说了）大约就是在这个时期或更晚些有人居住。1939年第一次讨论提出这次调查计划时，已经积累了关于"中古密西西比"的大量资料，但对于它的起源和发展的问题尚远未解决；许多研究南美文化的学者都认为密西西比流域的"中部"——据猜测为这一文化分布的中心——尚缺乏充分的考察。我们进行的这次调查，基本上可以弥补这种缺乏。

当前考古研究的起势就是使"调查区"（我们在别处已对这个词作过界定）成为富有吸引力的研究领域。除了芝加哥大学在肯卡德（Kincaid）和伊利诺州南部的一些遗址有研究报告发表外，圣路易斯科学院主持的密苏里州东南部的调查和田纳西大学对田纳西州孟菲斯近郊的色尔贝遗址的调查都没有报告发表；这个区域内大部分地方尚未经过用现代方法进行的调查。

要了解这种显然的忽视，必须概略地回顾一下以前对于这个区域所做的工作。过去的所谓"丘冢考古"一开始就受到十分的注意。私人收藏家早在（十九世纪）七十年代就忙于此种工作，后来还有哈佛大学的皮波特博物馆、耶鲁大学、德温波特（Dauenport）科学院和斯密森科学院的民族学研究相继而来，后者做了长期的系列调查研究，终于在1894年发表了汤姆斯（Thomao）的巨型报告和1903年发表的霍尔姆斯（Holmes）关于陶器的专著，这两部著作有大量的篇幅涉及这个区域的考古。汤姆斯探讨的问题可

65

《成都文物》刊发《考古学方法与推论》部分译文，此为《考古学方法与推论－第七章》首页，发表于1989年第4期。

考古学方法与推论

〔美〕罗伯特·海泽编　　秦学圣译

第 七 章

遗 址 的 调 查 和 识 别

七、植物生长情况是地下埋葬物的标识

〔根据植被辨认遗址或遗址特点的方法在许多调查报告中可以见到，下述几个事例中有两个出自近东，一个出自美国。美国的事例出自佛罗里达州，但在其它区域如加利福尼亚州也可能出现，见冢上植物生长的特殊模式不很明显，而弗兰克福特（Fnankfort）、雅各布森（Jacobsen）和普鲁塞尔（Pneussen）所考查的埋在地下的建筑物的墙壁，吴里（Wooley）在叙利亚北部卡尔奇米什（Canchemish）发现的坟墓，或埃及马其顿王朝的埋在沙里的灌溉渠道，其表面上植物生长模式的成因则是显而易见的。纳尔逊（Nelson）在美国西南部，弗兰克福特和他的同事在近东对埋在地下的墙壁表面上缺乏植物生长所提出的解释值得注意。格拉德温（Gladwin）曾谈及亚里桑纳州的卡萨格兰德（Casa Gnande）在一个潮湿的冬季过后沙漠地面上呈一条直线地长出了草，从而发现埋在地下的一道土坯墙。〕

（一）地下墙的表征

在这一工作季度将要结束的时候，第三个调查地点自己呈现出来了，而且，至少是偶然性地受到了考查，雨后生出的草很不均匀地覆盖在遗址的某些小丘陵上。埋有墙的地面上草长的很稀少，而墙与墙之间的松土的表面草长得茂盛。在没有草的地方我们也能够根据土址的颜色得到信息。古代房室内的填土较松，吸收雨水，故表面土的颜色较浅，古代墙壁上面覆盖的土层吸足了水分，颜色较深，借助草的生长情况我们已经追查出紧接我们正在发掘的建筑物南边一座大房屋的所有墙壁。

（采自Hennj Fnankfort，Thorkild Jacobsen and Conrad Pneussen, Tell Asmaz and Khnfagie; The First Seasons Workin Eshunna, 1930—31。Oriental Instituute Communications, Orentne Institute, Uniuezsity of Chicago, Chicago, 1932, no、13, P、11, ）

（二）墓坑的定位

河岸是坚硬的砾石层，上覆的人工土层很浅，用轻巧的亚拉伯犁可翻动约三英寸的深度。休闲地的面上稀疏地生长有植物，多半是浅根的，但混杂有某些生长力较强的莠草，根

60

《成都文物》刊发《考古学方法与推论》部分译文，此为《考古学方法与推论-第七章（续）》首页，发表于1990年第1期。

考古学方法与推论

【美】罗伯特·海泽编　　秦学圣译

第八章　地层学和文化层

地层学研究在时间进程中通过自然或文化活动所堆积的先后层次，它是确定各层次及其内含相对年代的主要手段。地质学家应用成层原理（有时称为"迭复律"）来判断地壳岩层发育的历史。

考古学家也应用这一解释层序的原理，确认在正常情况下考古堆积的最底层最古老，最上层最新。有时也可出现由于自然或人为的原因导致正常的层序发生颠倒，但这种情况是十分罕见的。考古学所应用的原理中地层学的原理最具普遍的意义。

一、十八世纪关于旧石器时代工具的一次发现

[一百五十多年前约翰·弗里尔（John Fnere）发表的记述，是对旧石器时代工具的最早察觉和描绘。就我们现在所知这些工具属于旧石器时代，而当时他认为是其以前某个时代的产物。在他之前不久（1770年）约翰·利兰（John Leland）发表了他1715年发现的与象骨共存的双面手斧，但认为这类工具属于罗马时代的布立吞人。

本文采自 John Fnere，"Account of Flint Weapons Discovered af Hoxae in Suffork，" Anchaeologia，1800，Vol、13，pp、204—205。]

1797年6月22日约翰·弗里尔致约翰·

66

布兰德牧师的信这样写道：

阁下：

我冒昧地请求您把我在萨福克郡霍克桑区发现的几件燧石呈交给教区领袖们。它们看起来象一般石块，但从发现的情况看，我想应该是能够引起好奇心的。

我认为它们显然是作战用的武器，是不会利用金属的人制造和使用的。它们大量地存在于大约12英尺深的土层里，人们在这一土层里挖土制砖。

这一土层按从上至下的顺序分为四层：

1、种植土层，1.5英尺；

2、白色粘土层，7.5英尺；

3、沙、介壳和其它海洋物质混合层，1英尺；

4、砾质土层，2英尺，在这一层发现燧石器，大约每平方码有5至6件。

在第4层里还经常发现小木块，刚挖出时尚很完好，但与空气接触后就很快地分解破裂。在第3层还发现有一些特殊的骨头，特别是一件巨大的颚骨（不知属于何种动物）牙齿仍未脱落。我很想看一眼，但已被送到邻近的一位先生那里，我向他打听这件颚骨的下落，得知他已把这件骨头连同一件在同一地点发现的大腿骨送给了阿希顿·利弗爵士（Sir Ashiton Levez），因而现在可能收藏于帕金森博物馆（Pazkinson's Muscum）。

《成都文物》刊发《考古学方法与推论》部分译文，此为《考古学方法与推论–第八章》首页，发表于1990年第3期。

考古学方法与推论（续）

[美]罗伯特·海泽编　　秦学圣译

第九章　　堆积率断代

　　考古学者经常面临对发掘品的断代问题。用于断定年代的方法很多。目前有一种显然不怎么时髦的方法是对于遗址中的土壤堆积和骨骼中矿物质积聚的估计。毫无疑问这些堆积是随时间而增长的。对堆积的时间或堆积率的计算（如果可以做到的话）使考古工作者可能对他所发掘的遗址或器物作出年代的推测——尽管是概然性的。

　　梅森氏（Matson）1955年曾经指出，较深层次的堆积由放射性碳素所测定的年代可以利用于估计土壤的堆积率，如果有理由假定遗址所覆盖的堆积层的堆积率是相当稳定的话。放射性碳素所测定的年代可以作为已知的时间界限，由此向前或向后推断，这种方法已经为地质学所利用。

　　事实上堆积率断代法考古学家应用得尚不够充分，但已从对它的利用中取得了相当令人满意的结果。其可靠性与资料的质和量成正比。有些考古学者曾经非难这种方法。惠勒（Wheeler）曾批评白特利（Petrie）关于埃及冲积层的堆积率的计算，他说："这些计算只有纯学术的或抽象的意义。它们在地质史和人类史的时间考虑中忽略了间歇性状况和变幻莫测的影响，也未顾及数学公式的各种局限。"

　　英国皇家学会会员鲁夫金（J. Luffkin）是早期研究土壤堆积率计算的学者之一。他

在讨科切斯特（Colchester）附近很深地层里发现象骨时说："这些骨骼为什么今天会在这么深的地层里发现？这很容易解释。这一谷地之所以上升是由于附近山上流下的雪水雨水不断被冲刷掉的松土或土壤，以及每年腐烂的青草和苦草等堆积起来的。昔拉特博士的《斯塔福德郡的自然史》谈到一片沼泽地，在18英尺深处发现了一堆英国爱德华四世期间的硬币（猜测是装在钱袋或布袋内遗失在那里的，而袋早已腐烂掉了），距发现时有200年之久。如果谁愿意计算的话，会得出这片沼泽地每11年堆厚一英尺的结论。"

　　杜布瓦（Felix Dubois）在讨论金莱（Djenne）的清真寺时说："对于这个纪念性建筑物的断代是可能的。它正面的墙壁很厚，在正常的情况下其厚度为一米多，我发现在这墙壁上涂过多层灰浆，这些灰浆的厚度不少于90厘米。由于有大雨的季候，每年在墙壁上涂一层灰浆是必要的。现在本地的泥匠断定古老房屋的年代标准是每一世纪增涂灰浆厚度达12厘米，这样我们可以断定这个清真寺建于公元十四世纪末，这个年代与《塔利克》（十七世纪苏月史）所提供的年代一致）。"

　　哥斯曼（Ghirshmann）谈及锡尔克（Sialk）遗址（位于伊朗高原的卡尚附近一译者）的发掘资料时指出，在锡尔克第四期之前，重叠有17层泥砖村舍，总共堆积有28米厚。按照每层房屋有75年寿命推算，哥斯曼断定北边的墩堆开始于公元前4000－4500

65

《成都文物》刊发《考古学方法与推论》部分译文，此为《考古学方法与推论－第九章》首页，发表于1993年第4期。

论著目录

（1943-1994年，以发表时间为序）

1.《成都觋师的研究》，私立华西协合大学文学院社会学系学士毕业论文，1943年；并被收入《民国时期社会调查丛编（三编）·四川大学卷（下）》，福建教育出版社，2014年。

2.《武当琐话》，《旅行杂志》1944年第3期。

3.《从美国博物馆的本质谈到中国博物馆事业的新方向》，《文物》1951年第8期。

4.《关于资阳人的年龄和性别问题》，《古脊椎动物学报》1962年第1期。

5.《川南的"白人坟"》，《凉山彝族奴隶制研究》1980年第1期。

6.《四川古代的白人坟》，《凉山彝族奴隶制研究》1980年第1期。

7.《"僰人"的几个体质特征与傣族和川苗的比较》，《四川省博物馆论文集》1981年第1辑。

8.《宇宙的起源》（合作），《社会科学研究》1981年第1期。

9.《需要预见和想象力》，《大自然》1981年第1期。

10.《肚脐眼引起的风波》，《大自然》1981年第2期。

11.《"僰人悬棺"人骨初窥》，《民族论丛》第一辑《悬棺葬研究专集》，四川省民族研究所、四川省民族研究学会编印，1981年。

12.《相信·怀疑·探索》（代开幕词），《中国"野人"考察研究会成立大会会刊》，1981年。

13.《办好我国自然科学博物馆的几点设想》（内部资料），《首届博物馆理论讨论会论文》，1981年。

14.《荆竹坝M18号崖棺两具尸骨的鉴定》，《民族学研究》1982年第2期。

15.《中国石器琐记》，《四川石器时代译文资料》，1983年。

16.《四川的一种新石器时代晚期文化》，《四川石器时代译文资料》，1983年。

17.《华西协合大学古物博物馆的石器》，《四川石器时代译文资料》，1983年。

18.《西康的石器时代遗存》，《四川石器时代译文资料》，1983年。

19.《四川石器时代文化》，《四川石器时代译文资料》，1983年。

20.《"僰人"十具骨架的观察与测量》（合作），《人类学研究》，中国社会科学出版社，1984年。

21.《考古人类学——导论》，《四川文物》1984年第1期。

22.《考古人类学——导论（续）》，《四川文物》1984年第2期。

23.《考古人类学（续）–第一章1》，《四川文物》1984年第3期。

24.《考古人类学（续）–第一章2》，《四川文物》1984年第4期。

25.《重庆近郊的建窑遗址》，《四川古陶瓷研究（一）》，1984年。

26.《开展云、贵、川古人类和旧石器时代考古工作新局面》，《云贵川古人类旧石器时代考古经验交流会文集》（内部资料），1984年。

27.《考古人类学（续）–第一章3》，《四川文物》1985年第1期。

28.《考古人类学（续）–第一章4》，《四川文物》1985年第2期。

29.《夸富宴》，《东南文化》1986年第1期。

30.《考古学方法与推论–第一章》，《成都文物》1986年第4期。

31.《考古学方法与推论–第一章（续）》，《成都文物》1987年第1期。

32.《考古学方法与推论–第一章（续）》，《成都文物》1987年第2期。

33.《考古学方法与推论–第一章（续）》，《成都文物》1987年第3期。

34.《考古学方法与推论–第一章（续）》，《成都文物》1987年第4期。

35.《考古学方法与推论–第二章》，《成都文物》1988年第1期。

36.《考古学方法与推论–第三章》，《成都文物》1988年第2期。

37.《考古学方法与推论–第三章（续）》，《成都文物》1988年第3期。

38.《考古学方法与推论–第四章》，《成都文物》1988年第4期。

39.《考古学方法与推论–第五章》，《成都文物》1989年第1期。

40.《考古学方法与推论–第六章》，《成都文物》1989年第2期。

41.《考古学方法与推论–第七章》，《成都文物》1989年第4期。

42.《考古学方法与推论–第七章（续）》，《成都文物》1990年第1期。

43.《考古学方法与推论–第八章》，《成都文物》1990年第3期。

44.《考古学方法与推论–第九章》，《成都文物》1993年第4期。

45.《考古学概论》（合作翻译），成都市文管会办公室出版，1987年；译稿曾在《成都文物》上连载12期：1983年第1期，1984年第1–4期，1985年第1–4期，1986年第1–3期。

　46.《印第安人的房屋建筑与家室生活》，文物出版社，1992年。

47.《史前考古学概论-第一章》，《成都文物》1994年第2期。

48.《史前考古学概论-第二章》，《成都文物》1994年第3期。

编后记

时光荏苒，岁月如梭，2023年，我院迎来了70岁的生日。

《四川省文物考古研究院名家学术文集》正是为庆祝我院成立70年而精心策划的一份礼物，收录了我院老一辈杰出文物考古工作者具有代表性的学术论文，共九卷。"著述前辈的开拓，启迪来者的奋斗，赓续传承美好。"这是院领导发起出版本套文集的初衷，也是全院干部职工多年以来共同的期待。

文集筹备工作始于2022年初，从征求上级领导意见，到广泛收集我院离退休职工及离世专家家属的建议和意愿，再到组织专家论证、院学术委员会研究，最终明确了本套文集的整体定位、选文标准和著录体例。

《四川省文物考古研究院名家学术文集》编辑委员会于2022年7月成立，主要负责落实文集资料收集查证、作者方联络、出版对接等工作。或因联系不上有些曾在我院工作过的专家、专家家属，或因已经有机构为一些专家出版过个人文集，或因有些专家身体抱恙，或因部分资料年代久远、查证困难，加上编辑时间有限，还有一些曾为我院事业发展做出杰出贡献的专家的文集未能成行，前辈们的风采也未能尽善尽美地呈现，略有遗憾。但未来可期，希望在我院文物考古事业更进一步、迈上新台阶时，后辈们能不忘前辈们的辛劳和奉献，续启为前辈们出版个人文集的计划。

本文集的出版得到了四川省文化和旅游厅、四川省文物局的大力支持，同时得到了诸多专家、前辈的指导和帮助。还有巴蜀书社的编辑们，他们以高度负责的态度、高质量的要求，确保了文集出版工作的顺利推进。在此，向关心支持本文集出版的工作单位和工作人员，表示由衷的感谢。

《四川省文物考古研究院名家学术文集》编辑委员会

2023年10月